法國
Fun
帶著小精靈一起去旅行

Anderson · Claudia 圖文 · 攝影

目次｜CONTENTS

內文中男生頭像 為Anderson主筆，女生頭像 為Claudia主筆

目次 | CONTENTS

Bonjour France

彷彿又見到旅行、攝影的熱情與初衷

　　Anderson與Claudia這對「帶著小精靈去旅行」的甜蜜夫妻終於要出書了！說實在的，我真是「打從心底」為他們高興啊！因為我「等」著寫這篇序也不知道多少年了啊！就像Anderson在我的第一本書上寫的那句話一樣：「Anderson，你們的旅行書早該出啦！」

　　說起Anderson與我的關係，那真的很難三言兩語說完，對於這位網路「麻吉」兼攝影好友，大概所謂「台灣部落格」發展了多久，我們的交情就有多久吧！打從不知是哪天在部落格相互留言開始，沒見過的我們開始討論相片、攝影技術、攝影器材，也討論著旅遊，不知累積了多少篇文章，我鼓勵Anderson像我一樣出書；這時候，Anderson的部落格「帶著小精靈一起去旅行」早累積了幾百萬的高人氣與流量。

　　終於，「皇天不負苦心人」，Anderson與Claudia終於出書了！包括我在內的所有粉絲終於等到了！我懷疑一定是Anderson受不了每天要求出書的眾多粉絲，在強大的壓力下，只好乖乖地出了這本書。對於Anderson這位我心目中「非常會拍照」的攝影好友而言，這本書光看照片就值回票價了（更何況，最近還贏得了Canon攝影馬拉松比賽大獎的加持啊）！而除

了漂亮的照片之外，令人期待的還有身為「美術老師」Claudia的手繪插畫，更讓這本書增添了不少閱讀樂趣與藝術性。

印象中的Anderson，有著典型竹科「工程師」的樣子，害羞、內向、寡言，但跟我一樣，都愛著老婆，也愛跟老婆一同周遊列國。我欣賞Anderson攝影的許多巧思，以及不時透露風趣又自然流露真性情的文字，讓我感受到這位攝影好友多年來始終保持著難得的純真與對生命、旅行的熱愛。在這本書《Fun法國──帶著小精靈一起去旅行》之中，不時看到自己初次到國外自助旅行時的熱情與喜悅，也不時回憶起當初興奮拍照的心情，年輕真好！

對於想要開始到法國旅行，又不知如何開始找資料、入門的年輕朋友而言，《Fun法國──帶著小精靈一起去旅行》應該是本很適合入門的旅行書，如同我認識的Anderson與Claudia一樣，他們倆充分地發揮了「工程師」與「美術老師」的專業性與多年分工的好習慣，為讀者整理了相當豐富又實用的旅遊資訊，不論是行前準備工作、參考書籍、參考網站及部落格、食衣住行須知、紀念品購買之道、兩個人大包小包的打包技巧（還有Anderson的一堆攝影器材），都可以讓讀者們了解「小精靈夫婦」是如何展開他們精采又豐富的法國之旅。

我挺喜歡不時在內文中穿插出現的「AC充電站」、「拍照一點靈」等單元，不但可以了解許多城鎮、觀光景點的人文歷史與特色，也可以藉由Anderson無私的攝影技巧分享，讓更多喜愛攝影的同好在閱讀旅遊文章之際，知道更多攝影技巧與攝影照片後的故事。

書中內容包括了地中海港邊的馬賽，「山城」普羅旺斯，因阿爾卑斯山、白朗峰而聲名大噪的霞慕尼、安錫，還有充滿藝術氣息的亞維農藝術節，可說是完整收錄Anderson與Claudia這趟法國浪漫之旅的15天行程。不知道是否當初一個人在巴黎獨自過了幾個晚上的關係，我個人對巴黎的照片與文字最有感覺，彷彿又見到了當初那個在艾菲爾鐵塔、凱旋門、香榭大道上激動萬分、回到飯店床上還久久無法入睡的自己……。

我相信，Anderson可以完全體會我們對旅行、攝影的共同信念與堅持！不管幾歲，都不會忘記當初對這些美好事物的熱情與喜悅！祝福Anderson，開心攝影、開心旅遊；祝福Anderson與Claudia這對甜蜜的「小精靈夫婦」，永遠幸福快樂！

「旅行真好！攝影真好！跟自己心愛的人一起生活──真好！」

外語領隊、攝影老師、攝影文字創作者
部落格：傑利的旅遊筆記
http://www.wretch.cc/blog/jerrynote

歡迎跟隨小精靈夫妻的腳步

　　法國，一個以浪漫著稱，卻又具有迷人風光景致的國家，是很多人前往歐洲的首選。出門旅行在外，即使您已經有位口操中文的導遊，但畢竟人不是萬能，很難面面俱到。這時候，一本有趣又實用的旅遊書籍，可是會大大為您的旅程加分喔！

　　從陽光滿溢、充滿花香的普羅旺斯，到湖光山色的阿爾卑斯山區，一路經過夢幻典雅的古堡區，最後回到充滿文藝氣息及五光十色夜生活的巴黎。作者在本書中，以輕鬆詼諧的口吻，搭配豐富的攝影作品及精采的隨筆插畫，帶著大家經歷一次充滿驚奇的法國之行。同時，兩人不只以逐日方式敘述遊程，當中更以如同說故事的方式，將他們的旅遊經驗搭配背景，娓娓描述。閱讀文字的同時，好像讀者自己也穿過時空隧道，走進照片中的景色，悠遊其中。

　　說真的，無論是自己玩耍，或是從事旅遊工作，這麼多年以來，我們看過的旅遊相關書籍可真不少。有些被我們像《聖經》般細細閱讀，而有些則粗略翻過便不想再閱。這其中的最大差別，應該是實用資訊的提供吧！而Anderson和Claudia（以下簡稱A&C）提供給大家的，除了個人豐富有趣的旅遊經驗之外，也不忘寫出許多旅行中的重要實用資訊。

　　對於喜歡旅遊攝影的朋友，帥氣的A先生提供了許多拍出絕佳照片的小撇步，如「怎麼對陌生的法國人提出拍照要求呢？」、「Magic Moment，抓住一天最魔幻的時刻」、「寬景的世界無限美麗」、「從街拍看浪漫巴黎」等，肯定是您在一般旅遊書籍中鮮少看到的。而美麗的C小姐，則在「小插播」和「AC充電站」中提供大家很多隨景的相關資訊及貼心提醒，如「印象派是啥咪？」、「出門在外要小心陌生人的搭訕和美言」、「拿破崙與凱旋門」、「艾菲爾鐵塔的小故事」等。同時，作者也以部落格式的寫法，在文字與文字之間搭配照片圖說，讓大家除了閱讀內容之外，也更能貼近感受作者所見的一切。當然，在本書的最後，A&C也沒忘了提供相當實用的採購建議給愛買的朋友們。有了這本書在法國旅行，就好像帶了一本旅遊書、一本攝影書和一本簡易導覽般方便喔！

　　本書的作者，一位是剛毅的工程師，一位則是溫婉的美術老師。兩個南轅北轍的人，在這個處處無法計算的羅曼蒂克國度，會撞出什麼樣的有趣火花？行李遺失幾天的旅人，難免會因為生活中的不便，嚴重影響旅遊的心情。但這對可愛的夫妻卻還能又吃又喝、又拍又畫，怡然自得的享受旅程中的一切……最重要的，無論被操得多慘，滿是汗水的臉上總是帶著一抹迷死人的笑容，這對伉儷真是名副其實的小精靈夫妻！

　　出門旅行，有得吃、有得玩、有得逛，加上無敵好天氣，來幾張美美的紀念照，就是「旅遊」的最高境界了！這本《Fun法國──帶著小精靈一起去旅行》，除了提供大家前往法國旅行的最佳旅遊導覽之外，也非常適合您在家裡的沙發上臥遊。

　　如果您想要有趟精采又豐富的法國之旅，歡迎跟隨著小精靈夫妻的腳步，就從本書開始吧！

安祺旅遊──運佳旅行社（自助旅遊部門）
www.anchitravel.com.tw

旅行的回憶

　　知道小精靈夫婦是從希臘那年旅遊開始。Anderson精湛的攝影技術，讓我對愛琴海有深刻的行前印象。爾後，每年暑假就會開始期待這對夫妻檔的旅行，今年將會是哪裡？

　　雖然沒有見過面，但網路的力量可是很強大的，尤其每當精采的照片發表在部落格上時，異國微笑的人們、令人垂涎的美味料理、心曠神怡的自然景色，彷彿在快門按下的那瞬間起，連同異國的空氣一起被他們給帶回來了。

　　帶著他們心愛的收集──小精靈一起去旅行，所拍下既美麗又充滿回憶的照片，Claudia筆下的旅途插畫，當然還有這趟旅行敗的紀念品，看了都讓人好熱血（笑）。

　　還記得第一次造訪法國巴黎時，對這個地方是抱著有點不愉快而離開的。法國人不喜歡說英文是出了名的，所以我們常常在用餐時，點到不喜歡吃的菜。難搞的退稅櫃台小姐，擺臭臉、將close的牌子放在我們的面前。那時候在回程飛機上的我盤算，再也不想來這個鬼地方。

　　然而旅程結束後，巴黎的美好卻意外地一一浮現。

　　第一次到巴黎旅行時，是白晝最長的6月。因為停留時間不長的關係，每天我們都是很早出門，在外頭走到天黑才回Hotel，當時天黑的時間是晚上十點。

我們住在14區的一家Hotel，每天理應會經過一個市集，但因為出門的時間太早，常常走到地鐵時，睡眼惺忪的小販才正推著車出來。因為想看的東西太多，旅行的天數太短，又不甘心回到台灣才後悔，就是以這麼掙扎的心情在巴黎旅行。

然而我想這對我來說，其實哪裡都一樣，能旅行是件很可貴的事，所以即使那趟旅行再美好，能夠舊地重遊還真是件未知的事，尤其對於有著世界旅行夢想的人，重回同一個城市是件奢侈的幸福。

而我後來的確又去了巴黎旅行，抱著複習這座美麗城市的心情，再次仔細走過了充滿魅力的蒙馬特，沿著石板路及石階而上，眺望巴黎的市景。才發現原來油封鴨這道料理是如此美味，我想只有在法國人精湛的廚藝之下，才會有這番水準表現。更奢侈的幸福是，在塞納河畔，吃著Paul的麵包及小圓餅作為早餐，如同廣告詞所說的，整座城市就是我的咖啡館，而我的咖啡館就是整座巴黎。在孚日廣場野餐，吃飽了就和大家一起隨意地躺在草坪上，享受巴黎陽光的美好。

一次由荷蘭到法國的旅行，從比利時搭上西北列車前往法國時，窗外飛逝的風景，一望無際的草原，法國的國土之大，從那時就一直深刻地記在心裡。

曾經不小心得到免費法國機票的我，卻一直無緣於傳說中最為迷人的法國南部。《Fun法國──帶著小精靈一起去旅行》一書中所提到的南法風景，如同之前曾看過電影「美好的一年」，劇中的場景幕幕讓人好生嚮往；小鎮廣場的攤販、露天的咖啡座，普羅旺斯夏天瀰漫著薰衣草香氣的花田，種種充滿魅力的原因，讓南法一直列在我的口袋名單。而盧貝松導演所拍攝的電影「終極殺陣」中，白色taxi穿梭的馬賽街頭，也一直是我很想造訪的地方，當然書中提到、有著「黃金之湯」之稱的馬賽魚湯，也是主因之一。

然而我想無論世界有多大，有多少想去的地方而一直遲遲未能成行，也總會有那麼一天，我可以帶著《Fun法國──帶著小精靈一起去旅行》一書一同去造訪。

Rolla的部落格：旅行途中
rolla.pixnet.net/blog

和小精靈相遇

　　大家一定很好奇為什麼是「Fun法國──帶著小精靈一起去旅行」？又為什麼我們去旅行總會帶著小精靈呢？這小精靈的原名是「荷蘭娃娃」，當初乾媽在我們布置結婚新家時，送了我們一組可愛的荷蘭娃娃，我們愛不釋手的把它們放在展示櫃裡，每次下班就去看看它們圓圓的臉、紅撲撲的腮紅和那天真無邪的笑容，感覺一切煩惱都拋到腦後了，臉上也不自覺地漾起一抹微笑。就這樣我們兩個陷入了荷蘭娃娃的世界裡，我們也幫它們重新命名為「小精靈」。

　　有一回我們無意間逛到一家小精靈的店，隨著不同的節日和季節，小精靈會有不同的造型，有堆雪人的、做果醬的、看書的、做拼布的，還有森林裡的小精靈……等，讓我們忍不住一一把它們可愛的模樣帶回家，每次看到不同情境的小精靈，我們就會想像著跟小精靈們一起編織屬於我們的童話世界，就這樣，小精靈布滿了我們的家，無論是電視上、咖啡機上、玄關上，或是梳妝台，都有小精靈的身影，當然我們把家裡正式變成了小精靈的家！

　　接著，我們愛上旅行，一個喜歡用相機記錄旅行的感動，另一個喜歡用插圖留下美好的畫面，而家裡的貓咪成員小布丁和小豆腐不能同遊，總覺得可惜，於是我們突發奇想，在一次旅行帶著家裡的成員「小精靈」同遊，讓它在美麗的景色前留下可愛的模樣。當我們回國再次回味相片時，看到小精靈甜甜的在相片裡笑著，我們也不自覺地被拉回旅行時開心的那一刻。從此，我們無論到哪裡，國內或國外，都一定會帶著小精靈出去玩，讓它參與我們每一趟快樂的旅程。

　　就因為這樣，我們的部落格稱為「帶著小精靈一起去旅行」，我們被稱為「小精靈夫妻」，我們的第一本旅遊書就叫做《Fun法國──帶著小精靈一起去旅行》！

　　這一趟長達半個月的法國半自助旅程，真的讓我們看到很多面的法國，而且處處是驚奇！無論是純樸的普羅旺斯小鎮、令人驚嘆的白朗峰山景、充滿幻想的浪漫古堡，以及豐富多元的巴黎風情，都讓我們心裡充滿收穫與感動。當然旅行中難免會有文化差異而引起的不習慣，不過這些都不值得一提，因為法國還是讓我們心都醉了……由於這趟旅途驚險萬分，有行李遺失、相片差點沒了，還有中途水土不服，甚至住宿古堡的怪怪事件等，都將透過我們兩個由男女不同的觀點一起主筆，再搭配Anderson的專業單眼相機相片，以及我的手工彩繪圖案，一同和大家分享浪漫又繽紛的小精靈法國之旅。

Claudia.11

作者序

用鏡頭和法國談戀愛

　　對於喜歡攝影的朋友而言，選擇法國絕對是正確的決定！怎麼說呢？因為法國就是一座超級無敵豐富的攝影棚啊！

　　想拍大自然有阿爾卑斯山的壯麗高山、普羅旺斯的田園風情、安錫的法國版威尼斯；想拍人文有亞維農藝術季、巴黎街頭藝人、看不完的俊男美女，和街頭不時上演的浪漫；想拍電影經典畫面有艾菲爾鐵塔、「鐘樓怪人」的巴黎聖母院怪獸雕像、「達文西密碼」的羅浮宮、「終極殺陣」的馬賽街頭、「美好的一年」的哥爾德山城等；想拍點藝術氣息，各大著名博物館幾乎都開放拍照，讓你可以近距離和世界級名作來張到此一遊照；想拍點中古風情，羅亞爾河的城堡群和凡爾賽宮也絕對會讓你嘆為觀止的。

　　來到法國永遠不用擔心沒題材可以拍，唯二要擔心的，一是拍到彈盡援絕，記憶卡不夠用；二是拍到渾然忘我，冷落了你的旅伴。拍到失去理性之前，希望你也不要忽略旅伴的感性，所以在這本書裡，有理性、也有感性，除了Claudia精緻可愛的手繪圖之外，也希望透過適時穿插的拍照小訣竅，以親身在法國旅行的經驗，來和大家分享怎麼把握每一分、每一秒的寶貴出國時間，留下每一個經典的畫面，又該怎麼調整拍照節奏，同時照顧到旅伴也拍到你想拍的美景。更重要的是，怎麼醞釀兼顧一顆享受旅行當下的心及「攝」擊火力全開的食指，用相機去享受旅行，用鏡頭去和法國談戀愛，不要變成一位只有記憶卡的記憶，卻沒有心底最深處回憶的相機奴！

　　海明威說：「巴黎是一場流動的饗宴。」我說：「整個法國是一場豐盛的辦桌！」你，準備好要開動了嗎？

巴黎 Paris

羅亞爾 Loire

Chamonix 霞慕尼

安錫 Annecy

亞維農 Avionon

馬賽 Marselle

CHAPTER 1
來去 法國

Bonjour France

法國

行前準備

 ## HOW TO GO？

「Bonjour, France! 我們來了。」辛苦工作了一年，終於，盼到可以大聲說這句話的一

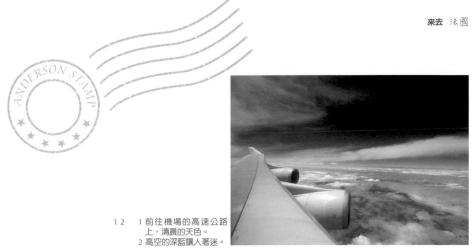

1 2　1 前往機場的高速公路
上，清晨的天色。
2 高空的深藍讓人著迷。

天，想到就要出發前往法國遊玩，心中真是說不出的愉快啊！

　　這次我們參加的是「黃安祺『半』自助旅行」法國團，團名是「法國——花簇城堡浪漫香頌15天」，一整個聽起來就很浪漫。去年玩過希臘全自助的我們，為什麼這次選擇半自助呢？原因一是今年兩人都太忙了，比較沒空規劃全自助；原因二是去年兩個人自己玩有時候會有點冷清，喜歡和朋友們大口喝酒、大塊吃肉的我們，常常在希臘的熱鬧街頭餐廳，安靜的吃著餐點，看著別桌一大群外國朋友開心的吃飯，突然覺得失落了起來，單獨兩個人實在很不適合我們喜歡熱鬧的性格，所以這次又回頭選擇了前年德國的半自助旅遊方式。

　　那為什麼選擇法國呢？除了印象中法國是個浪漫的國度之外，南法普羅旺斯的鄉村田園景致及氣息，也是深深吸引我們的原因。學美術的Claudia總喜歡想像自己站在梵谷或雷諾瓦的繽紛畫作中，常聽她在說印象派大師們追隨光影的傻勁，我也不禁想去瞧瞧什麼光影足以讓那個年代的繪畫大師們廢寢忘食地追隨，我也想用自己的鏡頭來捕捉那傳說中的光影變化。所以早在前年自德國回來後，我們就已經先買了JTB的法國這本旅遊工具書，開始作夢了，一個充滿陽光、古典、人文和浪漫的夢……。

半自助式旅行是啥咪？

　　每當和朋友分享我們的旅行，大家聽到「半自助」這個詞，臉上總是浮現出疑惑的表情，「半」顧名思義就是介於跟團和自助旅行，各取其優缺點的一種折衷旅行方式，沒有跟團所被詬病的血拼和走馬看花，也沒有全自助需要自己從無到有規劃行程、交通、住宿

的難度。其實這是一種玩得很輕鬆自在又能深入了解當地的旅遊方式，因為有豐富旅行經驗的領隊，能安排出很好的行程，所到之處也是相當深入當地文化的景點。

對勇於挑戰的人，可以在每個景點進行自助旅行的模式，因為在每個點所停留的時間都是一上午或一天，在具特色的地方甚至會住個二至三晚，讓大家有時間能好好探險一番。至於不敢挑戰的人，可以跟著一群勇敢的團員一起遊歷，或是跟著輔導員（即領隊）一起旅遊參訪。

其實，了解自己的需求和喜歡的旅行方式，選擇適合自己的旅行，一定都能玩得相當盡興，並且為自己充飽再出發的電力喔！

看完下列表格的簡介後，相信大家應該能對半自助的玩法有所認識。既然行程是這般豐富和令人期待，加上一年只出國玩這一次而已，我們說什麼也要給它用相機、用畫筆，用心、用力地記錄下旅途中的點點滴滴，為自己留下永恆的美麗回憶。

和一般旅行團大不同

種類 項目	一般旅行團	半自助旅行	全自助旅行
旅行方式	定點停留1～2小時拍照，再至下一個景點	一個小鎮或景點停留3～5小時，可自行安排參觀的方式	自由自在
交通	旅行社一手包	旅行社訂好機票，各大城市移動有包巴士，城市內定點旅行靠自己	自己一手包
住宿	觀光團的熱門飯店	旅行社幫忙先訂好頗具特色的民宿，或是符合當地特色的住宿地點，輔導員會帶著大家去check in	需事先作功課上網預訂，到了當地再自己問路check in
用餐	包三餐，但為了拉車到已預訂好的餐廳用餐，行程被迫中斷	包早餐，午晚餐自理。可完整走完一個行程後，再和好友一同享用道地的餐點或攤販小吃	類似半自助
領隊	帶著團員採購、用餐	和團員一起旅行的輔導諮詢員，最後總成為團員的好旅伴	無，自己就是領隊
小費	領隊&司機	司機	無

我們的法國路線

　　這次的行程重點會從南法的港邊馬賽玩起，一路往北拜訪普羅旺斯和仰望白朗峰，徜徉羅亞爾河古堡群，再搭配最後3天的巴黎，玩得多、吃得飽，也買得不少！在15天的行程裡，我們會把法國最具特色、最精華的區域一一拜訪！在醇郁柔美的普羅旺斯區停留四晚，用充裕的時間感受《山居歲月》中雅致的山頭小鎮及藝術村落。讓所有人印象深刻的「鬼城」、震撼的羅馬古橋、古樸的亞耳、多采多姿的亞維農河畔古堡，都在行程的計畫中，我們要天天和梵谷共享璀璨的陽光！

　　說到法國的山景，白朗峰應當首居要位，在這裡，除了搭纜車欣賞歐洲阿爾卑斯山脈中最壯觀的冰河和高山之外，還要在山中健行賞景，更親近地在風景畫中徜徉！至於靜謐溫雅的湖邊小鎮安錫，是在感受高山峻嶺之後另一段甜美的回憶！饒富中古氣息的古堡區，是每個遊人到法國必訪的區域。拜訪還不夠，我們還會住在羅亞爾河古堡區的古堡飯店，配著葡萄酒、享受燭光法式晚餐，感受世紀貴族的絕代風華！

在高空隔著玻璃拍，居然有正片的效果，真奇妙。上方雲朵很有默契的沿著海岸線鋪滿了陸地，下方雲朵還依稀可見海面上的白色倒影和黑色影子。

最後，再多時間也嫌不夠多的凡爾賽宮、浪漫又豐富的巴黎，將為整段旅程劃下一個美麗又難忘的句點。

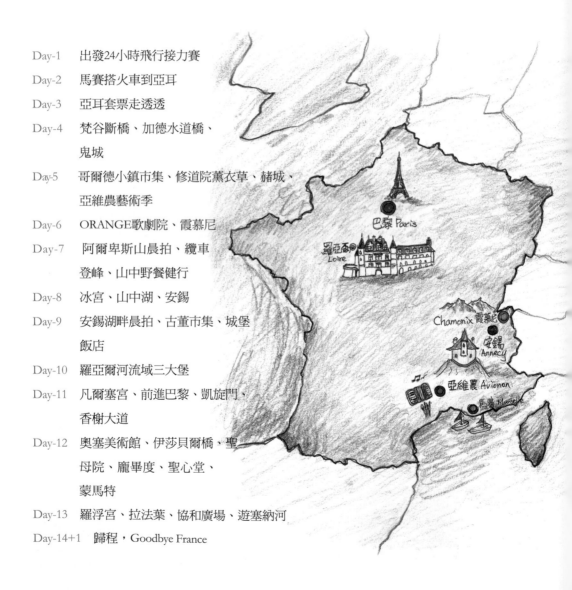

巴黎 Paris
羅亞爾 Loire
Chamonix 霞慕尼
安錫 Annecy
亞維農 Avignon
馬賽 Marseille

食、衣、住、行該如何準備

15天的旅行要帶些什麼東西呢？其實依照大方向的食、衣、住、行、育、樂想過一遍列表下來，再對照網路下載的「出國裝備點檢表」就差不多了。而我們歷經多次的旅行所累積下來的經驗，也有了一些小撇步，在旅行中能讓我們玩得更快樂、更放鬆喔！

‧食：泡麵、小零食（蜜餞、王子麵、洋芋片）建議帶著吧！雖然法國是美食之都，但早出晚歸等筋疲力盡回到飯店時會讓人很想吃個小東西，尤其玩到最後幾天，令人超想念台灣食物，這時一包能解鄉愁的泡麵真的就像人間美味般無價啊！

‧衣：7、8月的法國是屬於乾熱的氣候，雖然溫度和台灣夏天差不多熱，不過因為乾燥的關係，不會像台灣一樣流汗黏黏的不舒服，所以衣服帶夏季服裝為主，再搭配長袖襯衫和外套的「洋蔥式」穿法，以備登阿爾卑斯山之需。

‧住：吹風機飯店一般都有，不過很妙的是不見得每間飯店都有冷氣喔！但暖氣都有。而行李箱中分裝小袋的打包法，建議用夾鏈袋，勿用塑膠袋，以免一路上發出要人命的窸窣聲。

‧行：這趟穿的是新買的休閒鞋。不過這次的經驗告訴我，千萬不要穿新買的鞋子出國，風險太大了，雖然這雙不會磨腳也很舒服，不過偏薄的鞋底比較沒有避震緩衝效果，長走的話腳板會很酸！也可以帶一雙休閒涼鞋，不僅飛機上可以穿，也可以在旅途中當成居家拖鞋使用。

‧育：我們會把旅遊書也盡可能的帶出國，尤其是JTB自由行，前一晚先溫習隔天的行程，實際玩回來後，再拿出來溫故知新一下，看著書上的景點變成了自己真實的回憶，那感覺既棒又踏實！

‧樂：Open your mind，準備一顆開朗的心和勇於冒險的態度，Have fun！法國，我們來了！

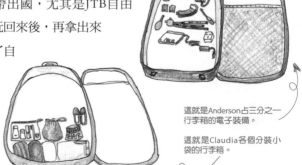

這就是Anderson占三分之一行李箱的電子裝備。

這就是Claudia各個分裝小袋的行李箱。

大包小包準備出發囉！

Anderson的大包小包

· 機身：Canon 350D（出國前來不及升級成
5D，唉；不過目前已升級成5D2，嘻）。

· 鏡頭：Canon 10-22＋CPL：超廣角鏡是出國必
備，拍風景、拍人帶景、拍旅館房間都很好用。

· Canon 24-105 F4L IS：標準廣角到小望遠加上IS
防手震超好用，再加上L鏡沒話說的畫質，應該會是我的鏡頭蓋。

· Canon 70-200 F4L IS：要不要帶小小白IS去法國這件事，讓我掙扎了
好久，因為帶了小小白就一定要背大號的300AW相機包，一來太重，
二來不符合我低調的風格，但是這顆如此優的鏡頭不帶去法國好好發
揮一下，增加它的使用率，又枉費我買了這顆鏡頭，等到拍藝術季表
演或街頭人文側拍時，一定會免不了有「鏡到用時方恨少」的懊悔。

變通的做法就是幫小小白買一個行動的家──Lowepro的外掛鏡頭
桶，背後有雙重魔鬼黏可以掛在100AW側邊。這樣我就可以彈性的選擇

1 2
  3
4

1 Canon 350D＋Canon 24-105 F4L IS
2 Canon 10-22＋CPL
3 Canon 70-200 F4L IS
4 Anderson的變形金剛相機袋。

要攜帶什麼鏡頭了，因此我還是可以低調地只帶小型100AW的相機包出國，小小白IS平常就裝進相機桶內放進行李箱或後背包，有需要用到的場合時，再像「變形金剛」一樣外掛上100AW帶出去使用。呵呵，我怎麼這麼聰明啊！

平常塞進100AW內的是350D結合24-105＋遮光罩，以及10-22和I580外閃（雖然很多人說出國外閃用到的機率不高，不過我對外閃的依賴性越來越重了，外拍Claudia補光或室內餐廳跳燈都很好用），再依情況結合小小白鏡頭桶，超彈性的！其他還有腳架、CPL、電池、快門線、60G的相機隨身碟也都是必帶的攝影裝備。

一張旅行中真正最美麗的相片

在台灣，數位相機普及的地步，幾乎已經到了人手一機的程度，甚至在國外每遇見兩位台灣人就有一位是背著單眼相機出國旅行，這比例相較於Canon、Nikon等相機發源地的日本是有過之而無不及。

一台專業的相機固然可以為我們留下更美麗的相片，但千萬不要怕回來沒得和朋友分享，而患了「為了拍照而拍照」的拍照強迫症。如果你今天出國度蜜月，為了拍照而冷落了老婆，甚至因此吵架，就真的是得不償失，也失去了拍照最初的出發點——拍照應該是一種樂趣，拍照應該是為身邊的朋友帶來歡樂，為另一半帶來幸福。

根據我的「慘痛經驗」告訴我，出國每到一個景點時，千萬不要「見獵心喜」自顧自的拍照，正確的做法應該是——先和老婆一起拍張到此一遊的甜蜜合照，再來幫老婆拍幾張美美的獨照，並適時發出「水喔，好美喔」的讚嘆（記得表情要真誠，切忌阿諛奉承），通常拍到這裡老婆就會心滿意足的放你自由了，最後再慢慢喬角度構圖拍風景，這樣不但老婆開心，你也可以放鬆心情享受拍照的樂趣。

街燈在鏡頭裡幻化成繁星點點。

相片固然是留住旅途中美好回憶的好方法，但美好的回憶更應該是在旅行當下的體驗，你可以透過相片去重溫當時的美好，千萬不要拍出連自己都不記得有按快門、不知道是在哪裡的相片！

用眼睛當鏡頭，用腦海當底片，在當下有所互動和感動的回憶，才足以算是一張旅行中真正最美麗的相片！

Claudia的大包小包

　　來看看Claudia的輕鬆畫畫用具。俗話說隔行如山，攝影和繪畫也完全是如此。在法國玩的時候，看著Claudia帶著自己做的拼布鉛筆盒，在旅途中把一個個感動的小地方和一幕幕美麗的大風景畫進速寫本裡，一張張的白紙從無到有，從當下的鉛筆速寫和心情加註，到用簽字筆勾勒線條，再到最後的色鉛筆上色，看著一張張手繪的作品，我真的是佩服到五體投地，突然覺得攝影和畫畫比起來簡直是小巫見大巫啊！

　　這次Claudia行前非常有靈感的想多畫一點屬於法國的速寫，所以隨身帶了插畫用具，打算用另一種風格來記錄下屬於她的法國感動。她還帶了插畫用的空白明信片，她說這次要自己畫一張風景寄回來，真的是連我都很期待收到這親手彩繪的明信片呢！

　　除了畫畫用具之外，Claudia也會隨身攜帶一台小相機Canon S50來當速寫記錄用（還可以順便幫我側拍，嘻嘻）。

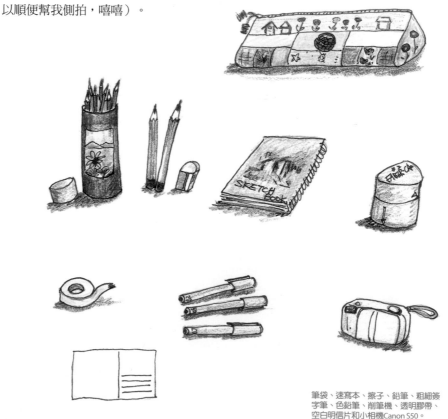

筆袋、速寫本、擦子、鉛筆、粗細簽
字筆、色鉛筆、削筆機、透明膠帶、
空白明信片和小相機Canon S50。

出門前K的書和逛的部落格

　　每次的旅行，行前功課對我們來說相當
的重要，因為可以先透過他人的旅行經驗來
畫出那未知國度的藍圖，一方面可以先有一
點當地風情的概念，另一方面也能從中得到
一些著名景點的背景知識，這樣都會讓我們
的旅程更有意義。

我們參考的書籍。

　　以下所列這些就是我們作功課時努力K的書，越看想飛的心情就越強烈，也為我們的
出發做足了精神上的準備囉！

1.工具書類

　　JTB自由行——法國：早在前年德國回來後，我們就已經先買了JTB的法國這本旅遊工
具書開始作夢了。

　　　　搭地鐵・遊巴黎

　　　　普羅旺斯（Life Net）

2.深入認識類

　　　　從不曾離開過巴黎 —— Fish

　　　　巴黎居遊

　　　　看不見的巴黎

　　　　巴黎私房之旅

　　　　巴黎碎片

　　　　馬賽貓老大

3.旅行資訊Blog

　　　　黃安祺自助旅行網　www.anchitravel.com.tw

　　　　4D Travel　www.4dtravel.com.tw

　　　　瀚世旅行社（原中華民國旅遊資訊協會）　www.travel-information.org.tw

　　　　背包客棧　www.backpackers.com.tw

期待到訪

法國的心情

 ## 出發的期待及心情準備

「Claudia，這是真的嗎？我不是在作夢嗎？我們真的幾個小時後就要去法國玩了嗎？」出發前一晚忙到快十一點才回到家的我，一邊恍神地問著Claudia、一邊在腦海中快速閃過了一幅幅畫面──紫色的普羅旺斯、白色的阿爾卑斯山、咖啡色的羅亞爾河城堡、粉色系的風情巴黎。Claudia用手背摸摸我過度興奮的額頭，然後笑著對我說：「嗯，沒有發燒，你也不是在作夢，趕快去整理行李，我們幾個小時後要出發去法國玩囉！」呵呵，不敢相信我們終於盼到了年度出國旅遊的這一天，耶──耶──耶──法國我們就要來囉！

會在晚上十一點說幾個小時後就要出發，是因為我們凌晨五點半就要在桃園國際機場集合，往前推算時間四點半要出門，三點要起床，看著手錶指針已經快十二點了，我的行李箱還在「放空」，

倒數5天～

Bu～要不要帶吉他去法國？
在薰衣草田彈吉他，很浪漫～
我們是甜蜜夫妻～

The music from radio in our car
0715 8:30 PM

此時車上傳來一首閩語歌曲
內容提到"阿公"有把吉他.
Bu就隨口說了這句
有點小浪漫.卻也有點小的的經典Anderson語錄～
一首哥吧也能製造二人的樂這就是
期待著飛往France
的CAT

倒數5天的我們。

看來今晚是不太需要睡了，嗯，反正興奮得像小朋友要郊遊的我可能也睡不著吧！

整理完行李、洗完澡，看看時間已經快兩點了，躺在床上看著打包好的行李，整個人突然「鬆」了起來，把工作的壓力和生活的瑣事統統拋諸腦後，一切等我回國後再說吧！轉好三點的鬧鐘，晚安台灣，晚安法國⋯⋯。

7月20日凌晨四點半出發前，和「兩小」（愛貓小豆腐和小布丁）依依不捨合照一張是一定要的，兩隻要在家裡當乖乖小寶貝喔！千萬不要把家裡搞得像世界大戰一樣！

用行李把車子塞得滿滿的，心也滿滿的期待，開車在凌晨四點半的高速公路上摸黑出發。此時天色是暗的，聽著收音機裡傳來的抒情音符，開一點車窗呼吸著凌晨的沁涼空氣，我突然想起以前當兵，深夜行軍摸黑走山路時，不經意抬頭望見滿天星星的感動⋯⋯。

伴著夜色奔馳在高速公路，奔馳在往法國的旅程中，天色也慢慢亮了起來，路的盡頭泛起日出前的紅色彩霞，以藍色天空襯底，看著這個小出景，我轉過頭和Claudia相視而笑，這是個好兆頭，而我們的法國之旅正一步步的展開。

我們是利用白金卡刷機票和旅費的，因此一年可以免費停在機場旁的停車場三十天，停妥後，小巴士把我們接駁到航廈，此時的天空又更紅了！還沒離開台灣就拍到了這些美麗的天空——This is a good sign！我嘴角不禁微揚了起來，抱著那袋2公斤多的相機包開始幻想起法國的快門聲了。

和「兩小」依依不捨。

START OUR SWEET TRAVEL

0720

為了搭上7:30AM的airplane
"一早" 3:00 就起床了!!
帶著緊張.期待的心情
　聞著"小銀"在破曉前的北二高
　　奔馳著～
　媽呀～還真想睡.

每次經過桃園機場
看到一輛輛下交流道的公公
就羨慕到流口水

　　啊啊哈～
　　今天總算輪到我們了吧!
其他公公,別羨慕!!

驕傲的
↘小銀

Airport

小銀在高速公路上的可愛模樣。

法國
Fun 帶著小精靈一起去旅行

徵兆，The Way to Airport

在這次半自助行的當家輔導員──黃安祺的安排下，開始行李托運。嚇，我的「小橘紅」居然還沒出國就已經超重了！重達22公斤，上限是20公斤，還好華航的小姐人不錯，讓我們pass，也順利的拿到了機票。

小橘紅超重了啦！

班機是早上7:25起飛的CI 60，出關走的是「中華民國國籍」，想起去年辦希臘簽證時的百般不順和刁難，真的很希望有一天持台灣護照也能免簽證遊走於歐美各地！（註：2011年起，台灣護照已可以免簽在歐盟趴趴走）

看到這張插畫要給各位親愛的男性同胞們一個小小的建議，就是不要太早入關讓老婆置身於免稅商品街上，不然你的回憶裡也會有一張老婆背著名牌包包的開心照片。只是法國之旅人都還沒離開台灣，就已經開始寄放戰利品在台灣機場了，腦海中隱約看見法國的LV展開雙臂在對我微笑，這難道又是另外一個「徵兆」嗎？我不敢想，我不敢想⋯⋯。

Shopping Note

Bag

Key bag   I'm red!

I'm Brown   So HAPPY!

Bu果真沒有食言．
─到機場就帶我往Coach前進．
心裡"超"得意的，不斷掛念去年未買时它．
─走進去，如當達般search where is 它？
回此：已經下架了！心裡給他小失望！
用力search有沒有適合我的包～ 嗯⋯⋯有人⋯
重點是：Bu也like，一直說好看．心情大悅
也算是補足小遺憾了啦！

往小精靈的故鄉荷蘭飛去

我們最愛的小精靈，正式名稱為荷蘭娃娃，顧名思義就是來自荷蘭，這趟航程其中一站就是小精靈的故鄉──荷蘭。長達24小時的飛行接力賽，因為有了這一站，讓我們稍微有了點期待。

「Anderson，法國到了沒？」「法國好遠喔！」這大概是我們在飛機上出現最多次的對話。包含轉機幾乎長達24小時的飛行，真的好累，

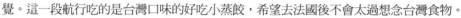

台灣→香港→荷蘭阿姆斯特丹→法國馬賽，這一次我們真的坐飛機坐到怕了。

台灣到香港這段是搭華航空中巴士A330。有個人的影音設備相當不錯，裡面可以看的電影或音樂也很豐富，可惜這段只有1個多小時的飛行時間。

坐飛機就是吃吃喝喝睡覺，醒來再吃吃喝喝睡覺。這一段航行吃的是台灣口味的好吃小蒸餃，希望去法國後不會太過想念台灣食物。

荷航美味的餐點。

每次搭飛機我都很期待可以坐到靠窗的位子看雲、拍雲，可是這段損龜了，還好只有短短的時間，繼續期待下一段航程可以坐到靠窗的位子。

香港到歐洲這一段主要的長途飛行，是搭荷蘭航空飛到阿姆斯特丹再轉機法國。同樣的，團體票的座位大多是以姓氏的第一個英文字母來劃位，24B和29F看來不妙，好像都不是靠窗的座位，想要換到坐在一起又有靠窗好像不太容易。

不管如何，往阿姆斯特丹的飛機就要開始登機囉！荷蘭我們來了。

經過長時間的飛行，小精靈的故鄉荷蘭終於到了，不過風景和想像中的不太一樣，印

飛上青天拍照趣

每次搭飛機我都很期待可以坐到靠窗的位子看雲、拍雲，尤其是這次從台灣→香港→荷蘭阿姆斯特丹→法國馬賽，包含轉機幾乎長達24小時的飛行，如果沒有高空雲彩的陪伴那可真的很難熬。在3萬英呎高空上拍照，除了要遵守起飛、降落不能使用電子數位相機的飛安規定，也要保持攝影的禮貌，不要影響到他人休息。比如說，機艙關燈大家都在睡覺時，一拉開窗板就會很亮，這時我會像廟會的舞獅一樣，用大毛毯蓋住頭和相機來拍，一來不會影響別人，二來也可以遮光降低窗戶反光的困擾。
另外要記得把單眼相機的偏光鏡拆掉，一來是高空的深藍不用加偏光鏡就很美了，再者如果裝偏光鏡隔著玻璃拍照，會有像彩虹般的彩紋，感覺會怪怪的。一般我會把光圈縮小一點，讓雲的清楚範圍和層次能更豐富。
身邊有認識熱中飛機上攝影的自助旅行朋友，甚至會在訂機票前就先研究好飛行方向和飛行當時是否會遇見日出、夕陽或特別風景（如喜馬拉雅山），來決定要訂左邊還是右邊靠窗的機位，這又屬於更專業的考量了！

歐亞大陸上的「白雲與黑雲」，又有點像天堂與地獄的「天使與惡魔」。

要貼貼紙才能轉機啃!
wow!貼紙好漂亮,熊&像小朋友搶著要貼紙

transform 荷航中~

EXIT

強風~

荷航印象:

1 : 冷氣像乾冰,狂噴!!

2 : 有樓梯!cool!2層的plane柳~

3 : 人高馬大,大家都像大樹一樣高矣!

長袖+高領的 Claudia

OS:冷~

轉往荷蘭的超冷荷航機艙。

有書看.有coffee喝.又有 perfect music 可以聽
真是舒服極了!!

荷航 music channel

現今流行的英倫情歌
無限量使履~很有fu.
I like smooth music.
How's romantic in after

coffee sketch trans
        book   track

Snake Time: Taiwan: 7/20. PM 9:00

ice cream & water.

被餵食
24hrs的
Claudia啦

喵喵~

聞到香噴噴的食物味,心想:再吃就吃四~
飛機餐了柳(包括華航啦!),好像是被餵食的
寵物喔!

絕對不是正餐.<os:好物在>是點心時間.
ice cream or noodle,當然 ice cream 啦~
是 Häagen-Dazs 较......

NOTE: DD味: cake & cream.
覚味,太甜了啦!書味不足了!<娘...>

Claudia荷航上消磨時間。

象中我們的精靈應該是住在像明信片的彩色世界裡才對啊!不管如何,既來之,則安之。

在這裡有4小時的過境時間,接下來我們要好好的逛一下阿姆斯特丹機場囉!

AC充電站   調時差

可以在飛機上調好時差:台灣時間減6小時就是法國的時間,當我們把指
針調成法國當地時間時,心情似乎也跟著調整成法國的浪漫模式了。建議可以戴有雙時區
的手錶,一邊是法國時間,一邊保留台灣的時間,這樣當你在國外想打電話回台灣報平安
時,就可以知道台灣的家人此刻的作息,也才不會玩回家之後,不知道是何月何日啦!

踏上法國的大驚喜

行李失蹤記

我的行李「小橘紅」又鬧失蹤了！人已經順利到達法國，行李卻還不知道在哪個國家流浪？

根據歐洲航空協會的統計，英國航空是遺失旅客行李最嚴重的航空公司，平均每一千名乘客就有二十八人在抵達目的地時，領不到行李。

經過長達24小時快瀕臨崩潰的飛行後，終於在當地時間午夜十二點抵達了法國的馬賽機場，午夜空蕩蕩的機場顯得異常冷清，走到行李輸送帶前看著別人五花八門的行李箱一一被轉出來，怎麼就是等不到我的「小橘紅」。突然行李輸送帶「嘎」一聲，停了！我的心跳也停了一拍，走出一個機場人員說：「沒了，已經都沒有行李了。」

登——登—— 登 —登——我的法國行瞬間變成「黑白」的！雖然無奈，雖然心中千百個「不會吧」，不過我還是用很樂觀的態度來看待「郵差總是按錯鈴，行李總是鬧失蹤」這件事，應該只是行李delay而已，應該會坐下一班飛機隔天送到我們的飯店給我吧？我心裡是這麼樂觀的想。

半夜十二點＋24小時的飛行折騰＋疲倦不堪的身軀，「行李不見了」簡直是壓倒駱駝

排隊做筆錄。

Lost and Found。

的最後一根稻草。除了我之外，事實上有十幾個人行李都不見了，大家正排隊要進去「做筆錄」。

一件白T恤、牙刷、牙膏、刮鬍刀、梳子、棉花棒，以及讓我很匪夷所思的「眼霜」！送眼霜是怕我行李不見哭得太慘，拿來保養眼睛嗎？

其實行李不見還好，照之前的經驗應該只是delay而已。走進機場的行李遺失中心辦公室，一個老太太拿出一張有各種行李款式照片和顏色材質的紙張，要我們「指認」行李的模樣以方便尋找。還好出門前有幫行李照了一張相，直接按相機照片給她看比較快。

就這樣，我的「小橘紅」變成了「小黑」，這是法國歡迎我的第一個見面禮，送的這個小救急包上面寫著：Caring more about you！

一點靈 相機裝備搭機法 ——雞蛋不要放在同一個藍子

之前打包行李時都習慣把相機的周邊設備如電池充電器、備份儲存碟等放在大行李箱托運，只帶鏡頭和機身在隨身相機包裡，但有了這次行李轉到失蹤，相機差點沒電可拍的慘痛經驗後，建議大家要把「關鍵」的相機裝備如充電器，以隨身行李攜帶搭機比較保險，因為在國外人生地不熟，不見得能夠買到相同規格的充電器。另外，記憶卡或儲存碟也建議以隨身行李攜帶，不然有彈盡援絕的壓力在就無法盡情拍照了。至於相機、手機或電腦需用到的備用鋰電池，民航局規定搭機時禁止放托運行李內，只能放在手提行李或隨身攜帶。

最後提醒大家自2011年6月起，民航局規定收起來長度超過25公分的相機腳架，怕有心人士把腳架展開來當作攻擊武器，一律只能托運，不能當隨身行李帶上飛機。所以記得在家裡打包大行李箱時，就把腳架放進去，以免check in時忘了把腳架托運，又無法隨身帶上飛機，那這趟旅程就只能和夜拍長曝Say bye bye囉！

Tomorrow is another day

法國午夜的風吹拂在臉上，有股說不出的舒服，沁涼中帶點大陸型氣候的乾爽，我不自覺地閉上眼睛深深吸了一口這真正屬於法國的空氣，張開眼睛握著Claudia的手，說：「我們終於到法國了。」

Marseille（馬賽）、Provence（普羅旺斯），這幾個接駁巴士上的字串映入眼中，對於法國充滿幻想的我們不禁開始期待起來，等接駁車的時候，看到大家都拖著自己的行李，

突然有點想念起我的小橘紅，人在國外，雙手空空，還真的沒什麼安全感，還好我有親愛的老婆在一旁陪著我。

到達馬賽機場旁的IBIS飯店時，已經快午夜十二點，總共交通時間距離走出新竹家門口剛好26小時。不知道為什麼，看到飯店的時候，居然有一種想哭的感動。

繁星點點下的我們。

IBIS是這趟法國行我們住最多次的飯店，雖然不大（兩個行李鋪在地上打開大概就滿了，不過現在只有一個），卻很乾淨舒適，倒也沒什麼好挑剔的。此外，窗簾拉開就是馬賽機場的夜景。

浴室有浴缸，這點倒是讓我們感到意外，因為歐洲的飯店浴室真的就像個火柴盒一樣。看到相片中的自己，也不禁佩服起自己在經過26小時航行和行李遺失的打擊下，居然還有力氣在凌晨一點多拍照。

拉開窗簾，看著窗外馬賽機場的繁星點點，拉著Claudia拍下這趟在法國的第一張合照，雖然疲憊的身軀在看到床的第一時間就有想馬上躺平的衝動，不過初抵達法國的第一晚還是帶著小小的激動，硬是要再多聊天一下才肯入睡。

雖然法國「郵差總是按錯鈴，行李總是鬧失蹤」，但我們「心情總是High不停，快門總是響不停」。

雖然行李在哪裡還是個未知數，雖然今晚洗澡沒有衣服可以換，雖然相機電池沒有辦法充電，但望著窗外的街燈在鏡頭裡幻化成繁星點點，望著親愛的老婆躺在床上睡得正香甜，我突然想起電影「亂世佳人」裡女主角郝思嘉最後說的那句話：「Tomorrow is another day！」

是啊！行李鬧失蹤沒什麼大不了，明天一覺醒來又是個全新的一天。

法國，我來囉！

CHAPTER 2

陽光的法國──馬賽

Bonjour France

馬賽

享受地中海的漁港風情

　　經過長時間的飛行，終於要揭開法國的真面目，和這位傳說中風情萬種的少婦進行第一類接觸了。馬賽（Marseille）是我們在法國的第一站，這個位於法國南部面對地中海的大港口都市，人口近一百萬，是僅次於巴黎的第二大城，也是普羅旺斯這個特區裡最不像普

羅旺斯,而擁有獨特魅力的一個城市。

　　這是個純樸的海港,我們很幸運地遇到了一早的港邊魚市,小販們叫賣著,吸引很多觀光客及當地採買的人們,這裡有很多奇形怪狀的大魚!沿著港邊的ㄩ字型區域也有一些小攤販,舉凡竹編提籃、鮮花、糖果、帽子,還是彩繪石頭的街頭藝人,種類繁多,微風輕吹、陽光溫暖地灑在身上,乾燥涼爽的氣候,讓我們不禁心情愉悅了起來,縱使坐在椅子上曬太陽亦是一種幸福。

行李寄放step by step

AC充電站　想輕鬆遊馬賽,最重要的就是把行李寄放好啦!這樣今天才能開開心心的輕鬆玩樂嚕!

車站寄Lungeage

把行李安頓好
才能輕鬆的去
馬賽走透透喔!

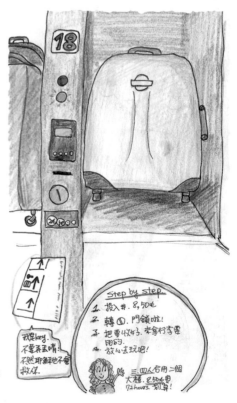

我是key.
不要搞丟唷!
不然那鮮地子不會
救你。

Step by step
1. 投入#.8,50€
2. 轉①.門鎖啦!
3. 把要收好.拿拿行李需用的.
4. 放心去玩吧!

三四人合用一個
大櫃.8.50€用
72 hours 到身!

迎接馬賽的第一道海風。

 玩在馬賽

從灰暗的地鐵站搭著手扶梯緩緩向上，那屬於馬賽的豔陽與藍天緩緩地從眼前浮現，微風中也飄來淡淡的海水鹹味，以及魚販與遊客的喧鬧聲，就這樣當我們駐足在漁港站的出口，望著藍藍的天、藍藍的海、白白的帆船和五彩繽紛的小販，法國用這樣的方式迎接我們，令人如同深受主人歡迎的客人一般欣喜。

港邊攤販初體驗

沿著港邊走著，許多人都在和魚販討價還價，與我們魚市場不同之處是——他們一點都不大聲嚷嚷，奇怪！這樣怎麼吸引客人勒？這又是一個令我們好奇之處，無論是商家，或是買家，都低聲議價，也不見商家熱情的兜售，一切是願者上門的買賣模式。在這一攤一攤的魚販，賣的可都是我幾乎沒看過的怪魚，說沒有魚腥味實在是騙人的，但因為好奇各

Marseille

悠閒的上午. Sunny. music.

友善熱情的南法小鎮.

在南法是遊法的第一站. 完全正確！

可以拋開對陌生國度的緊張情緒.

在這涼爽的陽光下. 享受浪漫的普羅旺斯

NOTE

Bonjour! 很重要!!

一句 Bonjour. 讓我們在法國得到許多親切的微笑
得到許多友善回應, 到此地. 入境隨俗. 有禮貌
很重要喔!!

馬賽港邊的攤販。

太陽暖漁港

我和我的竹編包。

種怪魚的長相，以及一些特殊的貝類，似乎「暫時」聞不到魚腥味似的呢！

　　還有一些年輕人彩繪著石頭，就在一旁做起了生意呢！真是有意思。

　　在這暖暖的陽光下，吹著暖暖的海風，讓陽光恣意地灑在臉上和身上，挑了個舒服的長椅，我們決定靜靜地坐下來觀看這難得的悠閒，拋下忙碌的生活來到這裡，不就是為了放縱自己在這幸福悠閒的氛圍中嗎？

　　看著個個悠閒的法國人及觀光客在港邊遊走，有的靜靜地站在一旁眺望海灣，就好像在等待歸航的情人；有的摟著情人微笑地漫步港邊，彷彿在陽光的洗禮下，他們的幸福也跟著增溫不少；有的把五彩繽紛的手提藤籃一列列排在街頭，可愛的貨車就晾在港邊，慵懶地看著遊客、摸著自家的提籃。在這馬賽漁港，似乎見不到忙碌的人們，只有那滿滿的

閒情逸致。

　　在這浪漫的國度當然少不了街頭藝人，不得不佩服這些街頭藝術家，能夠用這樣的方式掙錢，在他們心裡也許藝術與理想遠比金錢來得重要，我應該就是少了這樣的理想，所以啦！只能趁工作之餘才得以好好沉浸在自己的藝術世界裡，盡情滿足一下。

1 2		7
3 4		6 8
5		

1&2 港邊的街頭藝人。
3 年輕人彩繪著石頭。
4&5 攤販。
6 聖母教堂內部。
7 走進聖母教堂。
8 聖母教堂外圍隨拍。

　　趁著Anderson忙著捕捉美景的同時，那一個個色彩豔麗的手提藤籃似乎看穿了我的好奇，不斷地向我招手似的，我站起身來，往那慵懶的商家走去，哇！這些提籃好有鄉村風格，一整個讓我愛不釋手，挑了個好搭配衣服的色系，「巧遇」拍完照回來的Anderson，嘻嘻，就這樣抵不過誘惑，買了一個手提籃。說真的，實在很實用，在這趟法國行，幫我背了不少東西呢！

教堂初體驗之聖母教堂

　　接著，我們搭公車上山造訪聖母教堂，就如台灣一樣，在港灣一定會有神明的存在，因為要保佑辛苦的出海人。

　　馬賽是法國南部靠海的一個港口都市，所以漁船和水手都很多，當漁船航行在茫茫大海時，其實是需要一個心靈寄託和導引的，而位於馬賽制高點

164公尺山丘上的──聖母守護教堂（Basilique de Notre-Dame-de-la-Garde），就扮演了這個心靈燈塔的角色。這也是我們在法國第一個造訪的教堂，雖然稱不上壯觀，但占地廣闊，聖母教堂就座落在港邊的山丘上，有個最好的視野可以一覽整個馬賽漁港，聖母瑪麗亞也能在此庇佑所有的居民。

　　一到聖母教堂，外觀就如歐洲教堂般莊嚴，不自覺就會安靜下來。在這裡遠眺整個馬賽港，好不壯觀，令人整個心曠神怡了起來。往教堂內走去，是裝飾華麗的壁飾，足以見人民對教堂的重視和尊敬，接著迎接我們的是一盞盞燭光搖曳的許願燭，我們沒有特別的信仰，但在這肅靜的氣氛下，看著代表每個人心願的燭光，心靈竟莫名的沉靜，宗教不就是用來安定人心的嗎？人對宗教有所寄望、有所寄託，不也是最健康的一種心理療癒法。雙手合十的向聖母瑪麗亞打了招呼，也期望她能為我們這趟旅程帶來平安。

　　說真的，我個人對於教堂的建築沒有特別研究，但是有些教堂的建築華麗得讓我感到格格不入；有些則簡單得讓我懷疑真是教堂嗎？而這馬賽的守護教堂外觀，是介於華麗和簡單之間的純樸，給人一種很容易親近，也很容易信賴的感覺，這也許就是我們會在此處流連忘返的原因吧！

1 2 3	
4 5 6	7

1~4 在馬賽的交通工具：Metro、Bus（搭60號公車，這是往返舊港及聖母教堂的專屬公車，搭乘地點就在港邊道路往市區走便會看到了）、Special Train car。
5&6 聖母教堂外圍隨拍。
7 聖母教堂內部。

一點靈 ✦ 和台灣廟一樣多的歐洲教堂

歐洲的教堂就像台灣的廟那麼多，所以在歐洲旅行常常會去參觀各式各樣大大小小的教堂。教堂內部可不可以拍照並不一定，有些為了保持教堂肅穆禁止攝影，有些是完全開放攝影，也有些是要捐獻個幾塊歐元的「香油錢」，才會發一張「攝影證」給你，允許你在內部拍照，所以實際上要看每個教堂入口處的規定。

一般拍攝教堂內部可以換上超廣角鏡來展現氣勢，因為內部光線偏暗，記得相機或鏡頭的防手震功能要開啟，ISO感光度也盡量調高至可接受的雜訊範圍，以求拍出清晰的相片。如果時間足夠，教堂又允許使用腳架拍攝的話，那就更完美了！可以降低ISO減少雜訊，縮光圈拍出星芒，長曝拍出氛圍。

另外，只用超廣角拍內部大景會有些單調，記得換上適合拍特寫的大光圈或長焦鏡頭，捕捉一些教堂內部精緻細膩的美感，比如祈願蠟燭、彩繪玻璃、雕像等，這樣會讓攝影作品更多元也更有可看性。

有趣的是，對於初次拜訪歐洲的人而言，一開始看到教堂都超興奮，這個也想拍、那個也想拍，但十幾天旅程下來到尾聲再參觀教堂時，除非是很特別的教堂，不然可能會變成「唉，又是教堂」，提不起勁來按快門了……因為歐洲的教堂就像台灣三步一廟、五步一寺那麼那麼多啊！

畫在馬賽

　　搭配著和煦的陽光，找了個舒服的陰影下，再度拿出我的手繪本，畫下這讓我心靈平靜的地方。

隨時都能坐下來畫個圖喔！

畫的時機

　　在旅途中，難免當我想畫圖時，總擔心會受到旁人的干擾，但又不想錯失這美好的繪畫時機，因此，多試了幾次之後，其實只要沉浸在自己的世界中，畫出當時令自己感動的一刻，就沒有這麼在意他人的眼光了。所以，無論是等車、等Anderson、等餐點上來，或是等著到達目的地，都是我最好的繪畫時機喔！

畫的技巧

　　當然在旅途中實在無法一一詳細畫出每個景點的細節，因此，我都

先大約畫出個輪廓，以及重點裝飾部位，最重要的比例也要先抓出來。接著，我會再用可愛的相機，把它捕捉下來，回到飯店時，就可以好好地補強了！通常這也是我讓一天旅程沉澱的時刻，有時也是會累到無法做補強的工作，那就會用文字記下最感動的一刻及一幕，等到有空檔時便能細細回味了。

 ## 吃在馬賽

說到吃在馬賽，最讓人期待的當然就是素有「黃金之湯」稱號的——馬賽魚湯。愛吃美食的我們，最期待的就是在這裡吃上一碗道地的馬賽魚湯啦！

烈日下，風卻沁涼無比
坐在石椅上享受陽光，
遠眺馬賽漁港～
Claudia 坐在太陽下？Yes！沒錯！
我愛在南法享受幸福的"陽光"！
也享受筆下的幸福～♡

聖母教堂外一景。 at 聖母教堂

Magic! 馬賽魚湯

不說你可能不知道，享譽國際的馬賽魚湯在《哈利波特》裡也有出現喔！在《哈利波特》第四冊十六章中有提到，霍格華茲魔法學院曾經用馬賽魚湯來招待一位來自法國的魔法師，而這道佳餚也讓那位魔法師感到非常滿意。

馬賽魚湯不但出現在「魔法」中，也出現在「神話」中喔！相傳女神維納斯煮這道湯讓她的丈夫火神伏爾岗吃了陷入沉睡，而她便可以出門和別的男人約會。

另一種說法則是有夫之婦維納斯與戰神Mars暗通款曲，結果被她老公火神發現，為了安撫火神被迫戴綠帽的壞情緒，女神維納斯便精心烹調魚湯來哄騙丈夫。

多了點魔法和神話傳說的馬賽魚湯，更顯出「黃金之湯」在法國菜中的不平凡地位。

今日最銷魂吃法

一碗魚湯　　酥脆麵包沾黃芥　　沾羌麵包配魚湯

今日最銷魂吃法。　　吃完魚湯感想。

特徵：
油頭.凸了.大墨鏡.有年紀
看到黑頭髮的gp起來招呼.

請大家注意：到馬賽.別找他！

油腔滑調老闆

复引之 到家

中和吃了魚湯.
並沒有想像中的"臭抽".算是可口啦！
不過,魚湯到底是 🐟 + 🥣
還是 🍲 ？ 到現在還搞不清楚.
我們吃到的是 🐟 + 🍲 就是了！
魚肉有三種魚. 還可以.
湯也算香甜. 倒不會"臭抽"
值得一試！
但最好吃的算是配角：Bread（無限供應）
香脆可口且沾醬超讚的！
相互搭配. 可以說是 很銷魂啦！

But
我們吃了這家是最 貴…的…
可見愈熱情. 愈愛搞噱頭的. 絕非好貨

好一個馬賽魚湯

　　逛完馬賽漁港後也才早上十一點多,早餐吃得肚子飽飽的,我們也還不餓,所以決定先搭公車去山頂上的聖母教堂眺望馬賽漁港,晚點再來吃馬賽魚湯。這其實就是參加半自助旅行的優點之一,不用像旅行團一樣趕著拉車去吃已經訂好位、訂好時間的午晚餐,多點彈性的半自助會讓旅遊玩得更盡興！

　　走在馬賽漁港對面的街道上,沿途都是一間間賣著馬賽魚湯的餐廳和紀念品店,好不

熱鬧，找了一家在港邊、服務生一直很搞笑拉客的店坐下來，菜單都是法文，鬼才看得懂勒！看法文菜單點菜很像在買樂透，一直要等菜送上來才知道今天樂透開出來的號碼是幾號，有人中獎開心的笑了，有人踩到地雷難過的哭了，只能說，這一切都是命啊！就像我和Claudia一起出去玩點菜時，每次踩到地雷的一定是我。

　　所以後來我們在法國練成了「一指神功」，點菜前先假裝要去洗手間，在餐廳裡晃一下、瞄一下其他法國人都吃些什麼東西，然後點菜時再用一指神功「遙指」某某桌說：「The Same！」從此以後踩到地雷的機率大減！

　　首先上菜的是沙拉，青菜還不錯吃，中間是碎魚肉搭配酸酸的醬汁，還滿開胃的。

　　吃完沙拉之後，正當我們在納悶為什麼餐前麵包還沒送上來時，老闆好像感覺到我們的念力，接著就立馬送上這籃好吃的炭烤麵包，塗上那黃黃的醬挺好吃的，大家就你一口、我一口的嗑了起來，直到一籃都快嗑完，老闆轉身發現後匆匆忙忙的喊「卡」！

　　卡！卡！卡！原來，這籃不是餐前麵包，而是要給我們搭配馬賽魚湯吃的。那黃黃的醬是用蛋黃、橄欖油和大蒜調製而成的「蛋黃醬」（Aioli），味道有點辛辣。通常會在麵包上塗抹蛋黃醬，再放進馬賽魚湯內

吃完早餐 心情大好.
一向就愛吃西式早點的我
看到 cheese. ham. yogurt. fruit.
Coffee
簡直就是上帝的恩典.
顧不得 減肥. 什麼少量多餐. 小肚肚.
現在腦中只出現 早上要吃得好

哈! 好像餓粉久.
　　　　吃得很滿足~

在我們倆的旅行中. 代表著
滿足. 幸福. 開心. 修裁. 享受

Food Food Food Food Food

吃＝在我們的旅行中代表的重要性。

不斷說中文的老闆。

吸飽濃郁的湯汁後，撒上起士、用湯匙舀起來吃。

天啊！我們真是鄉巴佬，還好這麵包是無限量供應的，後來老闆又補了兩籃給我們，哈哈。

接下來，令人期待的「黃金之湯」——馬賽魚湯，終於登場囉！

我怕吃太腥的魚，其實事前一直很擔心，這種「濃縮」的魚湯會不會腥到一個不行，

馬賽魚湯的烹調和品嘗方式

正宗的馬賽魚湯是用馬賽漁港旁剛捕撈上岸的多種新鮮魚類，和橄欖油、洋蔥、番茄、大蒜、西洋芹、茴香、百里香、蔥、桂葉、番紅花、柳橙皮等一起下去熬煮而成。上菜時會把魚湯和魚肉分開，魚湯就搭配蛋黃醬麵包一起吃，魚肉那盤通常會等魚湯吃完後才上。有點像一般套餐先喝完湯，再吃主餐一樣。

1 2 3

4 5

1~4 馬賽魚湯和超好吃的麵包。
5 黃金魚湯明信片。

點了之後不敢吃，豈不白白糟蹋了這道黃金之湯。然而實際嘗過一口，還好是我可以接受的範圍。尤其搭配小麵包一起吃口味更讚，不但腥味變淡了，吸滿湯汁的蛋黃醬麵包更提升了魚湯的鮮美滋味！當然那盤新鮮的魚貝類也很美味，喜歡海鮮的人來這裡一定會愛上它的！

　　結論：馬賽魚湯果然是名不虛傳啊！來法國一定要嘗嘗這道名湯。另外，這裡店家眾多，下次到這裡的朋友們，遇到熱情拉客的店家，就千萬別進去，因為通常都不太好吃且比較貴，選低調樸實又有不少客人的店家就對了！

這樣吃就對了！

馬賽魚湯一份20歐元，不過可以One for two兩個人一起吃，再點其他餐點來一起share比較多樣性喔！

拍在馬賽

Bonjour，很重要！

　　有句話是這麼說的：「旅人的一個轉身往往就是一輩子。」意思是說我們在異國旅行時遇到的人都只是萍水相逢的緣分，短暫的談話或互動，道聲再見轉身離去後，可能這輩子都不會再有第二次機會相遇。既然如此，一張張留下來的萍水相逢照片就顯得格外有紀念性了。

　　因此出國旅遊的引人入勝之處，除了異國風景之外，人文也占了很大的比例，回國後再回味照片的時候，一張人文的照片往往比一張風景照片更耐人尋味，看著照片上一個異國的微笑，就能很輕易地和當時的情緒連結。一趟十幾天的旅行少不了會拍到數千張照片，其中最讓人難忘的照片往往不是美麗的風景，而是一張張曾與你短暫交集的臉龐和笑臉。

　　來到馬賽，漁港的熱鬧市集就是一個很豐富的拍攝景點，精緻的商品和美麗的老闆娘都是很好的拍攝題材，拍商品只要先禮貌打過招呼，一般都不成問題，不過拍人的話，就需要一點小技巧了！

1 2	5
3 4	

1 有時候背影的側拍更具像想像空間。
2 賣手工肥皂的女孩，我們向她買薰衣草雕花肥皂。
3 薰衣草花束。
4 薰衣草雕花肥皂。
5 也能挑選田園風包裝的雕花肥皂唷！

話說來法國之前，早已耳聞法國人是很高傲的，不喜歡講英文、對觀光客冷漠，不過經過這十幾天的觀察，其實法國人是很可愛的，關鍵就在於你要先對他敞開胸懷打破隔閡，最簡單也最好用的辦法就是用力給它「蹦」下去！把Bonjour隨時掛在嘴上就對了！真的，只要你主動開口先對法國人用法語「蹦」一下，表示認同他們的國家，再來用英文和他溝通就不會有太大問題了。

一句Bonjour，讓我們在法國得到許多親切的微笑、得到許多友善的回應，當初擔心法國人冷漠的顧慮馬上一掃而空。所以，到別人的地盤，要入境隨俗、有禮貌，這點很重要的唷！

 ## 怎麼對陌生的法國人提出拍照要求呢？

把握下面三個原則，相信你也可以主動出擊把法國人拍得服服貼貼，皆大歡喜喔！

第一，鼓起勇氣、面帶微笑Bonjour下去，接著用英文問，我可以幫你拍張照嗎？（May I take a picture for you？）。甚至用肢體語言比一下手中的相機，對方大概都會懂你的意思。依照我這次在法國實拍的統計，一般有高達九成的機率是不會被拒絕的，如果有老婆或女伴在身邊，更有加分的效果，此時成功率幾乎會高達白分之白喔！

第二，獲得對方同意後，把握第一時間迅速按快門，因為你要是拿著那麼大一台相機對著對方「瞄準」太久，可是會讓對方笑僵覺得尷尬的，且多按個兩張，避免拍到閉眼睛。

第三，拍完後利用數位相機LCD即可看優勢馬上和對方分享剛拍的相片，並稍微用升高的誇張語調稱讚：「Good! Beautiful!」相信我，不分男女老幼，這時對方一定會笑得超開心，說時遲那時快，再來個回馬槍拍一張此時的笑臉，這張往往會是笑得最自然，你也最喜歡的一張！

把握這三個原則，多練習個幾次，其實你就會拍得更有信心了，然後你會慢慢發現手中的這台相機不只是拍照的機器而已，更是一台拉近你和法國人距離的神奇機器！

販賣薰衣草肥皂和飾品的女孩，她很大方地給我個親切的微笑接受我拍照的請求。

在馬賽車站裡拍照時，遇到牆腳邊兩位女背包客。

53

CHAPTER 3
純樸的法國——普羅旺斯

Bonjour France

亞耳

老問，我點的那杯普羅旺斯可以上了

在不像普羅旺斯鄉村風情的「普羅旺斯第一大城」——馬賽晃了一整天後，終於要告別「法國的旗津」，往印象中很普羅旺斯的「亞耳」出發了。如果用酒來形容，馬賽是杯口味多樣豐富的雞尾酒，而普羅旺斯應該是杯紫色的調酒，聞起來帶點薰衣草淡淡的香氣，喝起來順口卻後勁很強，滑下喉嚨後，整個心是溫暖又帶點慵懶的微醺。

很有韻味的列車長

在馬賽的最後2小時市集之旅結束，帶著一張張甜美笑容和美麗回憶，告別這個海港城市，往普羅旺斯的下一站亞耳出發了。

在馬賽火車站裡的美麗窗戶下方是開車的訊息看板，上面寫著我們要搭往亞耳的火車——誤點。在歐洲（尤其是「浪漫」的法國）這好像已經見怪不怪了，因為我們在精實的德國都還遇過「我們前一天劃位要搭的車廂整節忘記掛上來」的烏龍事件！

等了半小時後，火車終於來了。在很有韻味的列車長歡迎下，趕快拖著行李上車囉！歐洲的火車和台灣的不一樣，這裡座位是一間間的包廂，行李就放在外面的走道

行李在包廂外的走道排排站，窄到讓我
想起鹿港最有名的「那條巷」。

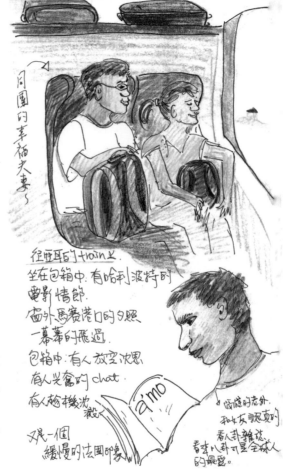

同團的幸福夫妻～

往旺耳的 train 上.
坐在包箱中. 有哈利波特的
電影 情郎.
窗外馬賽港口的夕照
一幕幕的飛過.
包箱中: 有人 放空沈思
有人 兴奮的 chat
有人 翻機沈
默.
是一個
緩慢的法國印象

a'mo

隔壁的老外.
和女友 訳更利
看人 我 雜誌
看人 小八卦 更是全球人
的最愛.

火車上的法國年輕情侶＋欣賞窗外美景的悠閒夫妻

上。八人一間的包廂並沒有劃位，這間有六位都是我們自己人，另外兩位是一對法國年輕情侶。

　　坐在火車包廂，肚子裡有暖暖的馬賽魚湯、心裡有滿滿的馬賽全景、腦中殘留有馬賽的漁港熱情，臉上還留有幸福的陽光及普羅旺斯輕輕拂過的微風。40分鐘的車程，隨著窗外景色由繁華城市逐漸轉為一片片純樸的鄉間景色，心情也跟著轉換為恬淡安靜。車窗外灑著和煦的陽光，可以漸漸感受到印象派畫家們追隨的誘人陽光變換，藍藍的天、白白蓬鬆的雲朵成為美麗田野的天然背景。

　　拿出筆來寫下在法國的第一個悸動、畫下馬賽純樸的漁港一景，沉澱後的心情很愉悅，也很滿足。

印象派是啥咪？

印象派是19世紀在法國興起的一個藝術運動，因當時大家都著重於畫出非常真實的畫面，也就是所謂「寫實派」。一群畫家開始想反動這樣的潮流，他們覺得應該在畫面上留下更真實的情景與筆觸，才能表達畫家的性格和畫面的感情。因此，畫家們開始走出戶外，他們嘗試追逐光影的變化，抓住時間的剎那，也開始畫和生活貼近的主題。所以我們看到的莫內、梵谷、雷諾瓦等畫家的作品，都有明顯的光影變化，以及充滿情感的筆觸。

早餐要吃飽、午餐要道地、晚餐要享受

載我們進去亞耳飯店的賓士計程車，司機長得很像「李察吉爾」，能坐這麼高級的計程車實在是太難得了！這是位很親切的司機大哥，笑容滿面，讓我們對亞耳這個小鎮的第一印象就很好。我們和兩位團員共乘，四人一車坐到飯店大概8歐元。

約10分鐘的車程就到了這兩天在亞耳要住的飯店IBIS。IBIS是一間連鎖飯店，內部空間雖然不大（大概兩個行李箱攤開走道就滿了），不過卻很乾淨，早餐也算滿豐富的。

安頓好之後，已經是傍晚七點多了，我們決定散步去附近的超市補充民生用品，順便吃飯。

半自助的好處就是時時刻刻可以自由自在去超市採買食物，順便從飲食中一探當地文化，很有意思。

我們總喜歡在旅行中走走他們的超級市場，我最喜歡看各式各樣的蔬菜和水果，有很多都是當地的蔬果，樣子很獨特，有些還有鮮豔的顏色，總喜歡猜猜看是什麼水果。重點是要為隔天的旅程添購

一些水果補充纖維質，以及水，因為在歐洲吃飯，生菜沙拉是主要的青菜，不像我們有熟的青菜可以吃，對我們來說難免吃久了會不習慣，感覺自己變成一隻小綿羊了，但又不能不吃纖維，因此除了飯店提供的早餐水果之外，一定要再買一些水果來補充纖維質。而水呢？在外吃飯點水差不多一杯要好幾十台幣，但是點酒呢？一瓶也要200～300台幣。若在超級市場一瓶葡萄酒只要2.85歐元，也就是130台幣，這樣的差距很難想像吧！但總不能邊玩邊喝酒，那畫面想起來有點恐怖！

1	3	4
2	5	6
		7

1 長得很像「李察吉爾」的賓士計程車司機。
2 DIY的按扭自動秤重機。
3~6 超市的各商品景象——紅酒、白酒、水、零食。
7 賣烤雞的甜美女孩。

當然在超級市場買的東西絕對比觀光景點便宜，旅費能省就省才是王道，所以找超級市場就變成我們在旅途中的另一項尋寶遊戲。

我們的午餐最喜歡嘗試道地的路邊攤。一方面方便又快速，午餐的快速方便可以讓我們很快的繼續拍照，或是畫圖，或是閒晃。一方面可以試試小吃，其實這很貼近當地的生活，很有趣的是每個國家都有麵包夾熱狗這種路邊攤，可是卻都有特殊的熱狗和醬料，我們也很愛這種探索美食的樂趣。

晚餐呢？深愛美食的我們，一定要找一間餐廳用餐，才能舒緩一整天的疲累，悠閒的用餐搭配物美價廉的美酒，也和旅伴們一起分享今天各自的旅程趣事，人生啊！就該這樣過。

一點靈 高反差的火燒雲

這天運氣很好，和一群好伙伴說說笑笑走回飯店途中，遇見最迷人的天空——色溫下的火燒雲，通常拍這種大景時的天空很亮，地面很暗，並不好拍，我習慣用剪影來突顯建築物或Claudia肢體的張力，但如果每張都把Claudia拍得「黑抹抹」恐會有「生命危險」，所以有時也會用「壓光」的技法來拍張人和火燒雲都準確曝光的合照。簡單來說就是先對天空測光鎖定曝光值，再用外閃來補人像的亮度。

雖然我那迷路行李依舊是個謎，手上的相機電池也一格格地降低快沒電了，不過牽著Claudia的手，走在普羅旺斯微涼的夜晚，看著天邊的火燒雲又慢慢轉變成迷人的色溫，大夥聊著這天一路從馬賽三寶玩到亞耳的回憶，能在法國的天空下和三五好友談笑散步、一起旅行是幸福的，這也讓我開始期待起我點的那杯普羅旺斯會是多麼香醇了；你也想來一杯嗎？

色溫下的
火燒雲。

用剪影來突
顯建築物。

省錢看古蹟：買套票就能過癮的看古蹟

　　來到法國的第三天，在亞耳的晨光蘋果中揭開序幕，Anderson一個人早起出去拍照結果損龜而回，因為我們住在亞耳郊區交流道附近的IBIS連鎖飯店，想也知道走出飯店外沒什麼好拍的。Anderson無聊的晃了一圈「晨間運動」回來後，我也起床開始梳妝打扮了，準備來去和梵谷約會。

　　今天的行程是要進城去亞耳玩耍，拜訪古蹟之美、探訪梵谷作畫足跡、感受古代競技場的震撼。

Claudia：「我和梵谷約早
上十點橋上見喔！」

大象吹風機

整間飯店裡最吸引我目光、最有趣的，就是這台掛在浴室的「大象牌」多功能吹風機了，除了造型和大象相似度高達90%之外，最酷的是它還是台「收音機」喔！按下左邊的音符按鈕就可以讓你一邊「嗯嗯」、一邊聽音樂放鬆心情喔！

亞耳，是一個溫馨純樸的小鎮，這裡可是梵谷晚期療養的地方，並且在此畫下許多名畫，居住七十天，畫了七十幾幅的作品，簡直是瘋狂的揮動畫筆，我在這裡看到梵谷的熱情與狂野筆觸。

出發前，我們先一同研究了一下地圖和行程簡介，出發總要有個方向，目標——亞耳，成亂七八糟隊形出發！就這樣，我們一群人踩著輕鬆

```
1
2 3
4 5
```

1 大象吹風機。
2 亞耳的晨光蘋果。
3 古蹟套票。
4 梵谷筆下的古羅馬墳場。
5 古蹟與光影。

的步伐在法國鄉村小路上閒晃，看大家的穿著真的很有放鬆的感覺，說是要走去墾丁的沙灘玩也有點像。

　　從住的地方走到亞耳古城內大概要半小時，我們很喜歡這種親自探險的感覺，透過眼睛和鏡頭，各自沉浸在我們心目中的古城印象中。沿途我們穿過小橋，闖過紅燈，喔！說錯了，是「等」過紅燈，遇見奇怪的交通號誌。

古羅馬墳場

　　終於即將來到讓我們驚奇的第一個目的地——古羅馬墳場。這裡雖然是古代貴族的墓地，卻也是梵谷當時住在亞耳時的繪畫場所之一，在藝術家的眼中，似乎見到的是那隱藏在世俗眼光背後的靜謐美感，這帶著淡淡憂愁的光線，穿過了層層的葉片後，灑落在小碎石路上，襯著人們走過後揚起的飛塵，令人有種進入不同空間的朦朧感。我想，這也許就是梵谷當時會想在這裡作畫留下紀錄的原因吧！

一票到底

我們買了12歐元的套票，逛了六個古蹟景點，真是超划算的！

　　離開途中的第一個古蹟後，繼續往亞耳古城前進，風景也變得不一樣了，有小河、有綠地，公園裡有姐弟開心的在玩著蹺蹺板、公園外有早起的老人，走進亞耳古城，迎接古城的懷舊風光。

20.07.07　51

AMSTERDAM SCHIPHOL
G 709

ANDERSON STAMP

| 1 2 | 3 4 |
| | 5 6 |

1 遇見奇怪的交通號誌。（有人知道下面
　那是什麼號誌嗎？外星人？香菇屋？）
2 交通號誌。
3 教堂裡的神祕光影。
4~6 石棺、教堂。

一點靈 A老師攝影必招教學

小朋友，
不行騙人的唷~!

在這裡看見一位紅衣女子從裡面走出來，還真有點嚇一跳！原來她是門口售票阿桑的朋友啦！其實一開始說要幫她們拍照時，她們害羞得連忙說不，只好把傳說中的絕招拿出來用，指指手上那台看似專業的單眼相機，然後說是——For Magazine，居然就OK了耶！雖然這樣招搖撞騙不太好，不過其實並沒有惡意，只是真的很想拍一張照而已，而且發表在Blog上也算是一種公開的網路刊物吧！何況誰知道現在居然會變成真的For Book的實際印刷出版呢！只是怎麼會剛好拍到閉眼睛呢？可惜……因為外國人面對鏡頭好像都有點害羞，所以要馬上按快門；若是喊one、two、three，結果就是拍到閉眼睛的照片。

所以大家要記得前面教的怎麼拍法國人三大原則之一：多按個兩張快門，以免剛好拍到對方閉眼睛。

紅衣售票人員

圓形競技場

第二個古蹟——古羅馬競技場（Arènes）。

走著走著，居然又遇到梵谷作畫的地方了。這幅應該是畫大家要進去競技場的熱鬧情景。梵谷來過，我們當然也要進去瞧瞧這座古代競技場囉！直接亮出套票就不用排隊買票

了，還滿好用的。其實走進競技場的拱形門口時，我所想到的是，古時候被迫要進去和獅子老虎搏鬥的人心情一定十分的驚恐吧？

這是座有一千年歷史的羅馬時代遺跡，特別的是四周被兩層的六十扇拱門環繞，保存的狀況還很不錯，大約可容納兩萬人，可以看到這裡剛辦過歌劇，中央的舞台正在拆除中。在這裡，適合找個陰涼的位了，坐在千年歷史的台階上，拿出素描本慢慢勾勒出古建築的線條美感。

123 | 4
       5

1 這裡的窗很簡樸，卻很有味道。
2&3 餐廳就藏身在巷弄之間，不過這間豹紋的非洲風餐廳感覺和這裡不是很搭。
4 用超廣角還是裝不下的古羅馬競技場。
5 梵谷畫大家要進去競技場的熱鬧情景。

旅途中的小朋友

走出門口遇到一對可愛的小女孩，Anderson對著她們露出招牌笑容，她們更是笑得吱吱叫，然後一起拉著塑膠袋邊跑邊笑。真是有夠可愛的啦！連一旁她們的姐姐和媽媽也都覺得很有趣，看到照片，我彷彿又聽到她們可愛的笑聲說：「跑吧！女孩。」後來，可能是跑得太興奮，妹妹居然跌倒了，開始哇哇大哭起來，害我們真是覺得超不好意思（什麼？想看她大哭的照片？她哭已經很可憐，誰還有心情拍啊！哄都來不及了說）！小朋友的哭笑來得快，也去得快，在媽媽一哄之下，沒多久就又露出可愛的笑容了。

小插播

1		4 5
2 3		6

1&2&4~6 競技場的全景和細部。
3 徵求媽媽的同意之後，幫她們母女倆拍下這張連我也很喜歡的照片。

隨處走走就能遇見梵谷的蹤跡

「Starry, starry night, Paint your palette blue and gray…」來到亞耳，心中很自然響起了這首歌的旋律，像是電影的配樂一般，親身踩進每個梵谷的畫裡面，讓視覺串著聽覺一起激盪著內心的澎湃。

梵谷在1888年從荷蘭搬來法國南部普羅旺斯的亞耳定居，在此，他用了十五個月，畫出了生命中最輝煌的兩百多幅畫，所以要來這裡朝聖這位印象派大師，對Claudia而言是件大事，要我來比喻的話，走進梵谷的畫布裡對於學美術的Claudia之感動，大概就像摸到愛迪生的第一顆燈泡對於學電機的我之震撼吧！

在寫這篇梵谷咖啡館之前，為了表達對這位大師的景仰，沒什麼西洋美術史素養的我，可是有先在網路上收集資料作功課的喔！這篇我們要帶大家一起去梵谷最有名的畫作之一「夜晚露天咖啡座」（Cafe Terrace at Night）的場景去，吃飯、喝咖啡、品酒，從白天到傍晚徹底來個梵谷之日！

梵谷酷愛南方天空層次不同的藍色和陽光下大地泛出的明麗黃色，所以他在亞耳的作品經常混用這兩種顏色，使畫面明亮絢麗。這幅梵谷的咖啡館外景，他則採用大塊的黃占據畫面中央，並鋪陳以藍色星空的夜晚，加上昏黃光線的烘托，使得咖啡座上幾位客人喝咖啡的景致也朦朧起來。

聽說梵谷入夜後在畫布上描繪燦爛的星夜時，會支起畫架，把一圈小蠟燭固定在帽沿上，藉著燭光，描繪星空。我想像把蠟燭放在帽沿上，在傍晚色溫下看出去的確會有他畫中黃色星星貼在藍色天空的樣子吧？當時應該也買個蠟燭來實驗一下。

12 | 3
     4 5

1 朝聖，想像當時梵谷就是在這裡創作這幅經典名畫。
2 牆壁、天花板顏色、燈泡形狀都和梵谷畫筆下的咖啡座很相似。
3 梵谷畫作「夜晚露天咖啡座」，1888年，油彩‧畫布，81×65.5公分。現保存於荷蘭的庫勒慕勒美術館。
4 梵谷畫作「夜間咖啡館」，1888年，油彩‧畫布，70×89公分。現保存於美國的耶魯大學藝術畫廊。
5 藍藍色溫下的露天咖啡座，經典重現，準備跟我們一起走進1888年梵谷的「夜晚露天咖啡座」畫面裡了嗎？

Starry, starry night

Vincent（starry, starry night）這首歌的作者是Don Mclean，創作於1971年，文生梵谷（Vincent van Gogh）1889年的畫作Starry Night給了他靈感。荷蘭阿姆斯特丹的梵谷美術館有一陣子每天要播放這首歌給參觀群眾聽，持續好多年。

雖然是畫夜間，但並沒有用到一丁點黑色顏料，利用黃色燈光與寶藍夜幕、天上星光相輝映，烘托出一股不尋常的亮麗氣氛。老咖啡館早已毀於戰火，現在的梵谷咖啡館是照原畫重建的，刻意保存了它的舊貌，只為再現百年前的時空。

走進1888年梵谷的「夜間咖啡館」（Night Cafe）畫裡面，梵谷以前常造訪這裡，沒錢喝咖啡的日子，老闆也讓他進來打撞球，這幅畫就是畫梵谷咖啡館的室內，在這裡，梵谷先後在室內、戶外都花了相當多的時間取景。室內部分，是連續四天利用晚上的時間所完成的，注意看餐廳現在燈泡的形狀和室內的配色也刻意還原名畫裡的場景。

Claudia心中的梵谷

打從大學時代，梵谷那熱情無比的筆觸，就如魔法一般深深吸引我的目光，每見一次他的作品，就會有更深一層的熱愛，很難去形容那是什麼魔力。

這一次，讓我造訪了他的創作之地──亞耳，心裡真是一種穿越時空的感覺，很像是一種終於見到偶像的心情，但又不是那樣的瘋狂沉迷；而是一種信仰，一種我終於站在你身旁的感覺。

特別是在這夜晚的露天咖啡座之下，那種感覺很奇妙，當我走在巷口時，心中不自覺地驚呼：「天啊！真的是一模一樣，就跟畫作一模一樣！」我知道這是很傻的一句話。但當我坐在那椅子上時，彷彿時光瞬間倒轉，似乎梵谷就正在我眼前畫著他的巨作，我很貪心地去感受它表現出來的藍和黃，他真的是用心裡的眼睛去看這一幅景象，透過他熱情奔放的心，傳送到那雙手，巧妙的運用顏料，呈現出令我深深著迷的藍與黃。呼──當下那一刻我真的非常非常滿足和幸福。

小插播

走進名畫裡吃法國大餐

講古完之後，現在就帶大家一起走進名畫裡吃飯、喝咖啡、品酒吧！

一早逛完亞耳的羅馬競技場古蹟後，中午我們已經迫不及待想來梵谷咖啡館吃午餐了，找這間餐廳最好認的方

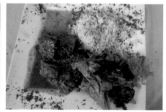

法就是找這幅畫了，中午十一點多還沒有什麼客人上門，我們幸運地坐在戶外那面黃色牆前的位子。

帥氣又很親切的服務生，手上拿著一大本用名畫當封面的菜單。法國餐廳的菜單大部分都只有法文而已，所以點餐常常就變成了一種賭博，賭對吃到香噴噴的雞腿，賭錯吃到另一種香噴噴的雞屁股，呵呵。

在法國吃飯，我們這一組六人幾乎餐餐都會點瓶酒來一起喝，就像在德國餐餐都會喝啤酒一樣。看到酒的色澤沒有？這瓶由本組專業的品酒專家幸福先生點的酒，果然是香醇順口！

我們點了前菜＋主餐＋甜點的套餐，一人大概是15歐元左右，算是很實惠！Claudia的前菜是一大盤營養的火腿生菜沙拉，最特別的是那類似德國酸菜的胡蘿蔔絲。

我的前菜是烤茄子及紅椒生菜沙拉，那被起士覆蓋的烤

```
      2 3 4
1     5 6 7
```

1 就坐在梵谷正下方啊！
2 前菜──烤茄子及紅椒生菜沙拉。
3 前菜──火腿生菜沙拉，最特別的
　 是那類似德國酸菜的胡蘿蔔絲。
4 主餐──亞耳迷迭香牛排。
5 帥氣親暱的服務生。
6 這瓶由本組專業品酒專家點的酒，
　 果然是香醇順口。
7 主餐──普羅旺斯香草羊排。

1 2 | 6
3 4 5 |

1 小酒館女服務生。
2 TO 我的行李，乾杯，你要快點回到
　我的身邊來啊！
3&4 梵谷咖啡館室內一隅。
5 很有復古味道的室內樓梯。
6 二樓吧台和很梵谷的「天空」。

茄片，柔軟細膩、味道獨特，再加上軟得入口即化的紅椒片也是十分特別，當然還有無限量
供應的法國麵包。Claudia的主餐是普羅旺斯香草羊排，我的主餐則是亞耳迷迭香牛排。

　　開動囉！還好來得早，此時的梵谷咖啡館戶外已經高朋滿座了。

　　最開心的就是Claudia了，能走進大師的名畫裡用餐，真是很難得的經驗。

室內一樣懷古

　　吃飽後，我們便到室內去瞧瞧，室內是兩層的建築，也是布置得很「梵谷」，那幅室
內的撞球桌場景就是從這樓梯走上去。相對於戶外的高朋滿座，室內則顯得冷清了點，在
歐洲好像大家都喜歡坐戶外吹風、看風景。

　　拍完室內的照片後，我們的梵谷咖啡館午餐也差不多告一段落了，接下來就要繼續利
用套票去拜訪亞耳的其他景點，雖然我們吃得很開心，也聊得很盡興，但對於無法親眼還
原名畫場景，還是存有小小的遺憾。

小鎮裡美麗的色溫

逛了一整個白天的套票上景點後也累了，下午我們先回到亞耳郊區的IBIS旅館去小休息充電一下，大家應該還記得我的行李在機場轉運遺失的事吧？向飯店櫃台詢問行李的事，還是沒寄到飯店來。唉！真是難掩失落之情，衣服沒得換還算事小，相機電池的充電器和照片暫存硬碟都在行李裡面，這可就事情大條了！來到法國這三天拍下來，相機都已經快彈盡援絕了。

不過，我們覺得「有失才有得」，加上沒看到梵古咖啡館的色溫有點不甘心，所以便決定回去梵古咖啡館請大家喝酒，提前慶祝行李找到，順便拍拍色溫一解心頭之憾，不然錯過了，這裡可不是說想來就有辦法來的啊！

是的，我們又踩著下午七點多的陽光，準備再走30分鐘回梵谷咖啡館，出國玩就是要多走、多看、多聽，再度出發！夏季的歐洲白天很長，常常要到晚上九點多太陽才會下山，再走回梵谷咖啡館時大概八點，可以看到天還亮著，不過餐廳已經開起燈來，應該更

會多份溫暖的氣氛。

這次我們選了梵谷咖啡館正對面的戶外酒吧喝酒,一來中午已經在那裡吃過飯了,二來想說從外面看才會更有看名畫的感覺吧!我們的戶外酒吧其實是從梵谷咖啡館隔壁的這家酒吧供酒的。點了一瓶白酒一起share,「提前」慶祝行李找到!

終於,讓我們等到梵谷畫中的色溫場景了,那一刻,我真的是邊按快門邊起雞皮疙瘩!身旁學美術的Claudia內心也是相當激動,一直抓著我的手,走進名畫的感覺,真的很難用筆墨形容,只能自己親身去體會。

應該也買個蠟燭放在帽沿上,或許這樣也會看到梵谷眼中黃色的星光吧?拍完色溫的照片後,再回來繼續喝酒分享彼此心中的感動,這真是個美好的一天啊!

小橘紅回來了!

邊走邊玩回到飯店後,「小橘紅,您回來了,您終於回來了!」看到我的行李就放在飯店大廳,真的開心不已,果然提前慶祝是一種正向的念力。喔耶!我終於可以換衣服和充電了,這一切難道是梵谷冥冥之中的保佑嗎?

小插播

Magic Moment,抓住一天最魔幻的時刻

太陽下山了,天空慢慢有fu了。

攝影界有句弔詭的話是這麼說的:「不要在天黑的時候拍夜景。」咦——夜景不就是在天黑的時候才能拍嗎?話是這樣說沒錯,但在天黑時候拍的夜景,天真的是「黑抹抹」一片,一點層次都沒有,那夜景要在何時拍最美呢?答案是太陽剛下山的半小時之內!

太陽下山前後的天空充滿了瑰麗色彩,從夕陽的紅,彩霞的金黃,到藍藍色溫的出現,天空就像是在變魔術般的奇幻,加上這時華燈初上,就可以拍出天空和地面的色澤一樣迷人的作品。

在夏季的歐洲天黑得很晚,大概都要晚上九點太陽才會下山,所以要拍Magic Moment的話,就不能太早回飯店休息。雖然常常出來玩搞得比上班還累,不過當你親身經歷Magic Moment的洗禮之後,相信也會和我一樣樂此不疲的。

梵谷在很久以前就懂得這道理,「夜晚露天咖啡座」就是一幅最美的例子!

闖進梵谷的「吊橋」──朗格瓦橋

　　要前往亞維農之前，我們還得先到梵谷名畫中的郊區景點，這著名的吊橋在梵谷的畫中出現了各式各樣的面貌，如果錯過了，我一定會很傷心的。沿途中，我真是既興奮又期待，因為大學時，電影欣賞課中看了黑澤明的「夢」，其中的一個夢境──「烏鴉」，就是來到梵谷的世界，電影中，這吊橋旁有一群婦人在洗著衣物，而梵谷就突然的闖了進來。我當時便對這一幕印象深刻，如今，即將要出現在我眼前，怎能不興奮期待呢？

　　這幅「吊橋」也是梵谷晚期在瘋狂與正常之間畫出的名作之一。

1 2
3

1 梵谷畫作──不同的吊橋風貌。（朗格瓦橋，收藏於荷蘭的庫勒慕勒美術館）
2 梵谷畫作──不同的吊橋風貌。（朗格瓦橋，私人收藏）
3 吊橋。

嘉德水道橋

鬼斧神工的雄偉建築

　　在法國第四天的第一個行程是拜訪鬼斧神工的雄偉建築──嘉德水道橋。這是一項建築史上的傳奇，橫跨河谷，氣勢不凡，而每個拱形都呈現規律的排列，由大到小漸層向上，兩千多年前的羅馬時代就能建造出如此巨大的石橋，且它些許的傾斜，讓來自山上的泉水能順利經過頂端的水道進入市區供人們使用，這是令人佩服的智慧及藝術。

　　當我們親自踏在橋上，才真正地感受到它的巨大，以及古人引水的智慧與精密的建築工程。

　　嘉德水道橋很壯觀沒錯，不過我印象比較深的是橋頂端上的可愛守衛美眉，她的工作就是負責守在橋的最上層通道口，禁止遊客進入攀爬以免危險，另一

個工作則是接待預約的遊客
進入上層走道前端講解。這
真的是印證了一句話:「人
是旅途中最美麗的風景!」

| 1 2 | 3 |
| | 4 |

1 橋上看出去的風光。
2 把遊客當作比例尺,就可以感受
　出嘉德水道橋的壯觀。
3 嘉德水道橋。
4 勇氣。

一點靈 用相機做國民外交

拿大相機的特點之一就是會讓人覺得你很專業,
有許多外國人會請你幫忙拍照,對於自動送上門
來的人像,當然是用他們的相機拍完後,再用我
的相機順便也拍一張;我更建議主動去詢問是否
要幫忙拍合照,更可以達到用相機做國民外交的
功效喔!而且事後這些都將會是你旅途中很棒的
回憶。

這張就是我們互
拍合照的留念。

可愛守衛美眉。

古城風光

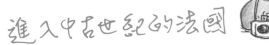

　　在法國南部有許多中古世紀的古城，他們總是會留下古城的風貌，並且保留下屬於城中的一些傳統活動，當我們踏進這一座座隱身於山崖、山谷、山中的古城時，彷彿穿過時光隧道，隨著鄉間的迷人風光和陽光，進入中古世紀的法國景象。

古城哥爾德　電影「美好的一年」拍攝地

　　在這個鄉村味十足的古城哥爾德（Gordes），每星期二古堡旁的廣場就變成大型土產市場，熱鬧非凡，很幸運的我們到這裡時剛好是星期二，看到非常傳統的市集，人家常說：「來得好不如來得巧。」我們真的非常喜歡穿梭在傳統市集中，因為在市集中能最親近當地人們的生活，看著婆婆媽媽、大人小孩一起手牽手在挑選喜歡的物品，無論是吃的、用的、玩的、看的……應有盡有。Claudia最喜歡看當地的小手工藝品，可以看到離台灣幾萬英哩的地方，有各種因不同文化和資源而造就出的貼心手工藝。

AC充電站　古城資訊

　　哥爾德（Gordes）是個依山而建的古城，也是普羅旺斯山區最負盛名的一個古城，Gordes就是「高懸的村子」的意思，站在遠眺哥爾德的最佳角度，隔著山谷望向對岸，真的超有宮崎駿「天空之城」的感覺。

1

2 3
4

1 電影「美好的一年」的山城，山路上的這個角度也是最經典的拍照地點。
2 這田園景色真的有「美好的一年」的fu啊！
3 電影「美好的一年」中女主角經營的餐館。
4 現場編織新鮮薰衣草香包的女孩，我們也向她買了一個。

1	2		5	1 可愛的窗景。
3	4			2~5 色彩繽紛的市集。

在這個市集裡有醃橄欖、烤香腸三明治、手工香皂、包包、古董、薰衣草傳統香包等攤位，人滿為患，非常熱鬧也很有普羅旺斯的感覺。我們印象最深刻的就是手工雕刻肥皂和新鮮薰衣草香包，當然，也把它們都買回家了。

轉角遇見「美好的一年」

從廣場一穿出小路，發現美麗的景色，覺得非常熟悉、似曾相識，你們發現了嗎？

就是在電影「美好的一年」（A Good Year）這部片子裡的景色，當時男主角開著Smart在農莊小道奔馳，鏡頭帶過的就是這裡啦！

另外在廣場市集的一角，有間以白色系為主的餐廳非常引人注目，似乎有點眼熟，原來這就是電影「美好的一年」中女主角經營的餐館，也是男主角初次邀約的地方唷！

小插播

拍小品──大魚大肉也要有菜來配

一點靈

可愛的窗景。

在這個美麗山城的熱鬧市集裡，有很多可愛又精緻的小東西讓人愛不釋手，眼睛為之一亮。拍小品在一趟旅途中的角色，就像是吃完大魚大肉之後，會想吃個青菜來解膩，占了舉足輕重的地位，不然一直都是超廣角的大景作品，少了特寫小品的親近與觀察，會像是最後沒有吃到甜點來讓這頓豐盛的大餐更加完美般的遺憾。

像在Gordes市集裡就有很多色彩繽紛的小品可以拍，通常只要拍攝前面帶微笑禮貌性的問一下，攤販都會願意讓你拍的。有些喜歡的紀念品礙於經費或行李重量，無法一一敗回家，那就用相機把它拍下來收藏吧！慢慢累積小品作品到一定的數量，把不同地方拍攝、類似種類的小品分門別類後擺在一起看，震撼的感覺不會輸大景。

以這個迷人的小鎮來說，有很多可愛的窗景吸引了我的鏡頭，回國後可以把在歐洲捕捉的窗景放在一起看，會很有意思喔！

鬼城　特殊地形的古城

　　鬼城——這個名稱聽起來就令人覺得怪怪的，好啦！我承認是「毛毛的」啦！也許是因為它建在陡峭的岩壁上，在當時讓想侵入的敵人經常一失足成鬼城魂吧！這裡還有一項賣點就是走到最上方參觀古時候的巨型投石器，可惜我們光看這陡峭的石板路綿延向上已經腳力虛弱，此時正巧又遇上了鬼城有慶典活動，因此這段似乎看不到盡頭的上坡路，我們直接舉白旗投降，決定找一個悠閒的coffee shop來好好補充一下下午所需要的咖啡因。

　　選了一家建在懸崖邊、view超好的露天咖啡店，補充完咖啡因後，終於有力氣逛鬼城了，這才發現「鬼城」其實有很多十分可愛的店！

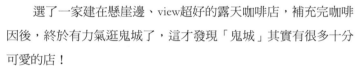

古城資訊

　　雷博‧德‧普羅旺斯（Chteau des Baux de Provence），又名「法國鬼城」，海拔218公尺，居民四百六十人，建於法國阿爾卑斯山脈中的阿比山上，居高臨下，草木不生，Baux源自Bauxite，是普羅旺斯語中「紅土」的意思，據稱但丁《神曲》中的地獄，就是以這裡的地形、地物作為背景，所以又叫做「鬼城」。

易守難攻的鬼城。

這一家我們補充咖啡因的露天咖啡店。

赭城 哇，整個城都是紅紅的土牆耶！

　　赭城（Roussillion）是一座以出產紅土著名的紅城，整座小鎮在紅土的長期吹拂下，像是被大自然畫筆著了一層淡淡的紅色。不得不說大自然真是一位最厲害的藝術大師。

露天咖啡店。

赭城街景。

藍天白雲下紅色調的赭城。

AC充電站　古城資訊

　　盛產之赭石（ocre）是往昔製作紅色顏料的原料，也有段淒美的愛情故事，相傳美麗女子席兒薇與心上人相約在此相見，但她苦苦等候，卻始終盼不到心上人，在哭紅雙眼、極度傷心欲絕之下，結束生命，滿滿感傷的淚水染紅了整片岩石，而形成赭紅地形。

ORANGE，橘子城

古羅馬劇場（Théâtre Antique）

說真的，走在這個橘子城（ORANGE）中，徐風吹來就好像走進中古世紀一般呢！沿著古舊的外牆，一路上還有販售著普羅旺斯風物品的小販，當我們慢慢走進這西元前1世紀末所興建的戶外劇場時，映入眼簾的是壯觀的圓形觀眾席，這個古代劇場是世界少數羅馬遺跡中保存狀況很好的喔！從舞台正面斑駁的岩壁可看出它的歷史有多麼悠久，而奧古斯都皇帝的雕像威風聳立在那，彷彿在告訴我們這裡曾是他的雄偉帝國。

我們兩個一步一步往觀眾席上走，我不時還會回頭看，隨著我們越爬越高，舞台也越來越壯闊。說真的，如果有機會在此聽一場音樂會，那環繞音效一定不是蓋的。難怪每年7月都會在這裡舉行一系列的藝術節表演。

梵谷紀念品

美其名是來逛梵谷的紀念館，其實是要來買紀念品啦！裡面最吸引我們目光的就是這一桌梵谷風的紀念品了，在這裡我忍不住買了椅子圖案的鉛筆盒，再買幾支美麗的色鉛筆放進去，用這些配備來畫接下來的法國繪本最適合不過了。法國15天的行程就像這盒色鉛筆般五彩繽紛，讓人目不暇給，回味無窮啊！

小插播

1 2	5 6 7
3 4	8

1 登高俯瞰赭城周圍的田園風光。
2 赭城街頭的可愛小物。
3 「赭城」裡一位在牆邊陰影下悠閒看書的女士，我們很喜歡她那悠閒的感覺，Claudia還要我上前幫她拍張照，但我怕打擾了她的悠閒，所以選擇拍景帶she，把她納入普羅旺斯山城的一幅風景中。
4 藍天白雲下的紅色建築。
5 橘子城夜色。（翻拍自當地明信片）
6 現在只能透過僅存的大理石圓柱來聯想羅馬時代的繁榮──撐住喔！最後一對圓柱。
7 滿滿一桌都是梵谷風紀念品。
8 現買現用的色鉛筆。

薰衣草修道院　賽南格修道院

　　來到南法的鄉村前，我們心裡總是不斷地想像那一片片紫到不行的薰衣草田，印象中，在書上的照片都是以紫色的薰衣草田為前景，向後延伸帶到修道院為背景的圖片，而最著名的景點就是「賽南格修道院」（Abbaye de S'enanque）！它矗立在古城的山谷下，而且四處散布著薰衣草，彷彿被一整片紫給包圍般，也許是它粗獷的質感和色澤，無意間給人一種相當古樸的感覺。

和薰衣草擦身而過

　　當我們心裡想像著一大片的薰衣草映入眼簾的景象時，我透過玻璃窗，突然見到一輛

滿載剛收成薰衣草的農車從我面前開過，心想：這該不會就是修道院前的薰衣草吧？這樣——我們不就不能藏在薰衣草田裡了嗎？這下不就見不到整片的薰衣草了？但我心裡仍然存著一絲希望，相信薰衣草會超多的，所以載走了一車，一定還有一大片！

```
      2 3
       4
 1   5 6 7
```

1&2收成完一捆捆的薰衣草。
3 小精靈在修道院。
4~7 各國的車牌。

不過，當我們快步走往修道院時，見到的真的是一大片……一大片被採收完的薰衣草田，有些還沒被帶走的薰衣草，一捆捆躺在那裡與我們打招呼。唉唉……還是慢了一步，不過，沒關係，雖然不能藏在薰衣草田中，我們倒有新的體驗，我們可以捧著一捆捆薰衣草合照，第一次這樣接近如此新鮮的薰衣草，因為它是一株株的，而非花草茶裡一粒粒的喔！味道真的很新鮮，很鄉村且純樸，真是迷人的粉紫。

AC充電站　來自歐洲各地的車

這裡是觀光勝地，因此有來自歐洲各地的車子，也讓我無意間發現了各國不同標示的車牌耶！非常有意思。

亞維農

世界各地藝術家期待的藝術季

　　終於到了名聲響叮噹的亞維農（Avignon），這也是一個很藝術的熱鬧城鎮，我們又幸運的遇上亞維農藝術季。從1947年開始，每年7月中到8月中在教皇宮前會有藝術季，如今亞維農藝術季除了是全法最大的藝術節慶之外，在世界的表演藝術界也具有崇高的地位呢！

　　每個表演團體都卯足全力在這裡做宣傳，無論是街頭表演、即興表演，或是裝扮奇特發傳單，都希望大家能親臨展演廳欣賞他們的藝術表演。這樣的露天表演最大的挑戰就是要和周遭環境相互融合，也要克服場地的燈光不足，才能吸引路過的觀眾駐足欣賞。

　　主辦單位也規劃了一系列的專題展覽，在1998年還推出以台灣為主的「亞洲專題」喔！也因為這樣每一年台灣有很多劇團也會在這個節日，遠赴法國共襄盛舉。

 ## 亞維農玩法一：瞧瞧古蹟去

古時候的豪宅

　　我們一早的行程很充裕，買了參觀博物館的套票，穿梭在光影變幻多端的亞維農古街道

之中，要不是偶爾遇見穿梭其間的旅客，還真會錯以為時光倒流了呢！這些保留下來的博物館有些是當地名望人物的豪宅，後代子孫把所有的收藏物及關於祖先的歷史文物集中保存，另外還有政府規劃的歷史文物館，我們可真是看得目瞪口呆，不過看久了也是會膩的啦！

這是我們的團體票。

走在法國民謠的橋上

這座聖貝內茲橋，就是法國民謠「在亞維農橋上」（Sur le pont d 'Avignon）的橋喔！從市區跨越隆河，原長900公尺有二十二個橋孔，如今只剩下四個橋孔，變成「亞維農斷橋」

俗稱亞維農斷橋的聖貝內茲橋。

法國民謠——
在亞維農橋上（Sur le pont d 'Avignon）

這首輕快的歌詞很簡單，大約是說：在亞維農橋上，讓我們一起跳舞，在亞維農橋上，讓我們圍著圓圈跳舞，帥哥們這樣跳，然後還是這樣跳，讓我們圍著圓圈跳舞。

聖貝內茲橋。

驚魂記二部曲

在這裡意外發生了恐怖的插曲，那就是我們家的單眼相機竟然一直無法開機，還出現了奇怪的訊息，怪哉……一整個超害怕的，才剛經歷過「行李失蹤記」，竟然又發生「相機秀斗事件」，太弔詭了！我們兩個超緊張的，因為身上不可能帶著使用說明書出來旅行啊！怎麼辦？就在大家都在為我們擔心的時候，我們心中也不斷呼喊著上帝、佛祖、觀世音菩薩，眾神啊！可別讓我們的相機在出發的第四天就休兵了吧！一陣祈禱完後，抱著一線希望，把電池啦、記憶卡啦，重新安裝一次，撥下那可愛的ON鍵，嘿嘿，啟動了！真是好加在。

小插播

了，真的很特別，因為走一走就彷彿可以直接走進河裡一般，不過已經圍起來了，不用擔心會有危險。

亞維農玩法二：把自己當藝術家

亞維農 玩法二

　　經歷了「相機秀斗事件」的一場驚險記之後，我們總算可以安心地去看期待已久的藝術季。沿路上，人潮都往同一個方向前進，完全不用擔心找不到路，跟著人群走就對了。無論是要趕著去宣傳自己的藝術表演，或是急著要去參觀充滿創意的藝術盛宴，大家都加快腳步前往熱鬧非凡的廣場。

　　教皇宮前廣場，這個教皇宮可是前後有七位教皇在此度過奢華的生活，不過在法國革命時就遭受嚴重的破壞及掠奪，昔日的情景已不復存在啦！現在可是亞維農藝術季最主要的舞台。

一到教皇宮廣場，已經擠滿了眾多的人潮，偶爾會聽到鼓掌歡呼聲，湊過去就一定會看到精采絕倫的表演，累了也可以坐下來喝個飲料，讓自己陶醉在這個充滿藝術氣息的地方！

所有的表演團體此時也會聚集在此，因為可以大大地為自己的Show做宣傳，讓所有對藝術表演有興趣的觀眾，能夠親臨自己的表演場觀賞多年來的努力，將自己對藝術的執著分享給大家。

1　1 教皇宮前的廣場已經滿滿都是人了！
2　2 一旁的露天咖啡座也座無虛席。

遇見各式各樣稀奇古怪的藝術表演宣傳手法

在亞維農藝術季的宣傳方式有三種：

一是最基本的——張貼平面廣告。

二是最辛苦的——裝扮特殊在此反覆遊行。

三是最快閃的——在街頭臨時起意的表演。

| 1 2 | 5 6 7 |
| 3 4 | 8 9 10 |

1 色彩及圖像都很搶眼。
2 小型氣船更引人注目。
3 這個最有意思了，一邊躺在地上閉目養神、一邊發
　傳單。大家因為好奇，所以會跟他拿一張……真是
　輕鬆啊！先生。
4 嘿嘿，張貼的地點也很重要，這真是聰明的做法，
　貼在廁所指標上，大家一定都會看到啦！
5 這個團體，除了是東方人特別引人注意之外，還有
　很詭異的音樂及刻意放慢步調的行走，再加上清一
　色的黑，讓人不多看幾眼都覺得對不起他們呢！
6 我想這應該是演兒童劇的團體吧！沿路對著可愛的
　小朋友表演、對話，小朋友都被逗得很開心呢！
7 喔！你在看我嗎？傳單在肚肚上，自己拿一張吧！
8 裝扮成愛麗絲夢遊仙境的人物嗎？
9 酋長嗎？應該是什麼故事的人物吧！只是我們知識
　淺薄不知道罷了！
10 啥咪！竟然後面才是精采之處！嗯嗯，很有看頭，
　來個特寫吧！

宣傳一：平面廣告

　　所有人都盡其所能地發揮創意設計與眾不同的DM。因為DM是不會說話的，因此設計令人眼睛為之一亮的廣告單，更顯得重要。我們除了看到各式各樣的傳單，也看到他們很有創意的用表演的方式來發傳單，算是成功的第一類接觸喔！

宣傳二：遊行

　　各個藝術團體運用自己的藝術特色在街頭遊行，算是進行一種街頭藝術表演，從他們多采多姿的服裝、變化多端的道具和充滿特色的遊行方式，都不難看出他們的表演主題。在吸引大眾目光的同時，他們也不忘發放傳單，讓我們知道他們的演出時間及地點，這樣和觀賞者進行互動的表演方式，其實也是現代藝術慣常的一種表現方式。

1 2 3 4	10
5 6	11 12
7 8 9	13 14

1&2 這又是來自哪個故事呢？

3 這傢伙真是夠舒服的了，在那裡擺擺鬼臉，翹著二郎腿，坐在轎子上搔首弄姿的遊行，真是辛苦了一旁的挑夫！

4~6 一群古裝團體，匆匆忙忙的跑到廣場中央，就這樣表演起來，整個肢體很有張力！雖然聽不懂他們的語言，但大概知道這兩位是男女主角，正上演著愛情戲碼。

7&8 踩著超高的高蹺，跑來跑去揮舞著身上的戲服，真的很有吸引力！

9 連我都受不了想跟上去揮舞雙臂呢！

10&12 街頭畫家更是比比皆是。

11 不動如山的雕像。

13 上工前要為自己裝扮。

14 俏皮小提琴手。

宣傳三：當街快閃表演

這樣的快閃表演，已是近幾年很多藝術家喜歡表現的方式。除了表演者本身很有想法和勇氣之外，也要用快、狠、準的方式讓群眾注意到，同時看出他們想表現的主題，還真是不容易呢！這樣的表演機動性很高，而且不受場地的限制，因為可以到各個角落落腳，讓每個角落的人都能看到他們。

隨處可見的街頭藝人

在藝術季上，除了表演團體的宣傳之外，也有很多的個體戶街頭藝人在表演，也許是為了一解自己的表演慾，也許是為了餬口，抑或是讓自己融入這個充滿藝術的氛圍。總之，在此真的是可以大飽眼福，當然我們也不會吝嗇給他們一點鼓勵與支持！

角色扮演

在街頭最常見的一種街頭藝人。不過，我覺得這是最辛苦的一種街頭表演，要把身體固定一個姿勢，真的非常不容易，可以算是在培養自己的耐力及定力。

不過，他們還是很喜歡跟群眾互動，觀眾如果給的小費比較少，就只

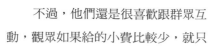

會對你眨眨眼睛或微笑；如果給比較多一點，就會整個人動起來，有時候還會跟你互動喔！非常有趣！

才藝表演

若是有才藝的街頭藝人，通常都會用表演的方式來讓群眾駐足停留，有的歌喉好，就搭配音樂高歌幾曲；有的會彈奏樂器，就當街演奏起樂器，讓群眾在休息時能有音樂相伴。

又或是有不同目的的表演，有位老婆婆就坐在我們旁邊，她在廣場的各個角落移動，用那老舊到不行的手風琴（感覺是最有價值的一樣傳家之寶）彈奏著也唱著同一首曲子。因為她就坐在我們身邊，所以我特別仔細的觀察她、欣賞她，她會用那和藹、哀求的眼神望著人們，雖然歌聲很普通，琴藝也是，卻勾起了人們的同情憐憫之心。

一點靈 嘉年華會逗熱鬧

在旅途中能恰逢當地的嘉年華會真是件讓人興奮的事，而且在嘉年華會中大家對大相機的接受度都比較高，可以輕鬆愉快地拎著大相機到處拍，正因為大家對相機警戒心比較低，所以我會換上大廣角鏡頭仰角或貼身去拍富視覺張力的人像照，有時為求方便也會使用24-105這顆旅遊鏡來拍，如果要把背景虛化抓人物特寫的話，那就換上小小白來拍吧！
就我的經驗而言，在嘉年華會中我還是喜歡用廣角近距離和表演者互動來拍，這樣會更容易抓住他們的眼神和笑容，但有時怕打擾表演者或想拍幕後花絮（如化妝或台下）的一面的話，還是用小小白會比較恰當。
雖然是嘉年華，也要有基本的禮儀，不要為了拍照而讓表演者不舒服；更重要的是，不要為了拍照而拍照，要用心去欣賞藝術嘉年華會的表演。相機是一座橋樑，讓你比別人有更多機會和表演者互動，不要錯過了enjoy在嘉年華會中的美妙時刻。

酋長嗎？

1 2 ｜ 3 4 5

1 年齡不拘，老婆婆彈奏著如傳家之寶的
手風琴。
2 深情拉丁情歌王子，若沒有唱歌的天分
還不能做呢！
3&4 來自台灣的表演團體。
5 很搶眼的廣告單。

巧遇台南來的偶戲劇團，想家囉！

　　在眾多遊行的團體中，令我印象最深刻的是這個團體，撐著黑傘、穿著復古，除了正常的臉之外，頭後方還有個恐怖的假臉，一行人黑壓壓、整齊緩慢的走在廣場及街道上，搭配陰沉的音樂，加上都是東方人面孔，實在很難不吸引我們的注意，心裡還在猶疑著他們到底來自哪裡，結果在他們黃底傳單上印著大大的TAIWAN，一整個熟悉、親切起來，馬上用國語為他們加油。他們是來自台南的一個小劇團喔！有些團員在法國念書，有些則是為了藝術季特地從台灣飛來表演，這就是令人動容的堅持呀！

　　我們還遇見另外一個台灣的表演團體，他們是以表演傀儡戲為主，能控制這些滿是線的木偶著實不簡單！雖然整個排場沒有其他人的醒目，但是，依然用著他們對藝術的熱忱，加入這一年一度的藝術盛會！

　　說真的，在國外遇見自己家鄉的人，就會感到一整個很親切，莫名其妙地就跟人家好像很熟一樣。因為已經待在別人的地盤一陣子了，難免會懷念在自己國家的那種熟悉及歸屬感，無論做什麼事都不會擔心做錯，或是被當土包子。說真的，待在國外有時候還真是要小心謹慎一些，畢竟沒有在同樣的文化背景下生活，如果不小心犯了人家的大忌，就不好了。

1	5
2	
3	
4	

1 選定餐廳，就定位吧！

2 這是Anderson點的前菜，因為看到肉，他就一定會
　點，超好吃的啦！

3 這台改裝過、超特別的連結摩托車，我怎麼會放過
　呢！馬上衝上去，二話不說，坐上去就拍啦！

4 主餐是法式春雞，我選擇麵當主食。香嫩多汁，整
　個雞肉非常入味，超級好吃！

5 看到這些蔬菜就高興，終於可以補充一下纖維了。
　前菜有我最喜歡的乳酪，以及最愛的QQ口感，香
　濃的乳酪味，超超超好吃的唷！

在藝術季的街頭實現夢想

　　我是個很容易沉浸在童話故事裡的人，每次在溫煦的陽光下，就會幻想著在異國的石板街頭上，微風拂面，悠哉享受異國美食，再來個飯後紅酒，好浪漫的美夢啊！所以我怎麼可以不把握在街頭石板路上享用道地法國餐的機會呢？

　　我們物色許久，選了間可以一邊享用美食，還可以一邊欣賞表演的餐廳。二話不說，趕快入座，呼，一坐下來才發現腳已經酸到不行了呢！看來在追逐這些藝術表演者的時候，濃郁的興致一股腦兒完全壓過了身體上的疲憊訊號。放鬆雙腳的緊繃肌肉，眼睛還捨不得離開沿路經過的藝術家們，就這樣點完了菜，等著好菜上桌啦！

　　在法國一定會先點酒，因為當地人用餐前都會先點飲品，這是和我們的飲食習慣比較不同之處，我們照慣例點了紅酒來搭配。當然前菜不可少，有了提振食慾的前菜，可以讓主食更加美味，Anderson的前菜以肉為主，因為他是沒有肉不行的人，而我則點了清淡又不失口感的前菜，因為我個人很喜歡蔬菜加上乳酪QQ的口感，這次也沒有點錯乳酪，超開心！說真的，吃完前菜就差不多已經飽了，但我們的主餐都還沒上，難怪法國人總是慢慢吃，邊吃邊聊天，讓食物充分消化。

　　接著主菜上場，我終於一圓我的浪漫餐點夢，在這微涼的街頭，慢慢品嘗一道道美食，優雅地吃著香嫩可口的燉雞，輕啜一口紅酒，陽光灑在熱鬧的街頭，嘴裡有美食，眼裡有藝術表演；肚子暖暖的，心裡滿滿的。這一趟藝術盛宴真是讓我們飽餐一頓呢！雖然沒能入場去看一場正式表演而有點遺憾，但是也已經很滿足了，我們襯著落日餘暉踏上歸途，腦中還不禁回想整個下午的驚奇呢！

吃完美食的心情指數。

CHAPTER 4

大自然的法國——阿爾卑斯山

Bonjour France

霞慕尼

親臨阿爾卑斯山

　　阿爾卑斯山在我心中一直都是一個無法取代，所謂「傳說中的山」，一旦被我列為「傳說中的」就表示那是我夢寐以求。從小就喜歡夢想著很多事情的我，總是讓小說中的片段，或是電影中的情節，在我小小的腦袋裡留下自己所想像的那一幕情景，然後列為我未來

所要達成的「傳說中的」，而阿爾卑斯山是在我夢想王國中占有一個特殊地位的「傳說中的」，她應該是白皚皚的、高聳無比的、堅韌中帶點柔情的一座山。還記得在電影「真善美」中見到一家人走在她的稜線上，她柔情的接納他們，帶領他們到一個自由的國度，記得那位將軍爸爸引吭高歌，在壯闊溫柔的山頂走著，那是幸福、那是快樂、那是滿足。

　　帶著這樣的期待來到阿爾卑斯山，那種終於達成的心情，是很愉快的！我們很幸運能住在這裡的青年旅館，因為青年旅館四面環山，非常清幽靜謐。當我們到達的那一刻，迎接我們的是雪山上才能見到的美麗夕陽，那昏黃的光線灑在白皚皚的山巔。天啊！我該怎麼形容她的美，她這種堅毅中的柔美，這溫暖的氛圍，讓我在冰涼的空氣中有種幸福的感覺，我和她的第一類接觸是美好的！

 ## 第一次住青年旅館當背包客

　　愛上旅行的我們，開始喜歡嘗試各種不同的旅行經驗，當我們知道這次要去體驗青年旅館，心裡就像期待畢業旅行一樣興奮呢！和同行的好友一起睡四人

這就是我們住宿的旅館唷！

1	4 5 6	1&4 坐在青年旅館外看「雪山火蛇」秀。
2 3		2&3 我們房間窗外的美麗小景。
	7	5 用餐規矩要注意聽，也要做好來喔！
		6 房間是四人床鋪，窗外就是阿爾卑斯山呢！
		7 纜車多日券。

房，然後是公共衛浴，真像大學時代的宿舍生活呢！一走進房間，迎面而來的是一扇面對阿爾卑斯山的窗戶，真是讓我興奮到一個不行，驚呼聲讓Anderson趕緊跑來瞧瞧發生了什麼事。

　　而這一天的晚餐也非常不同，大家齊聚一堂，圍坐在長桌旁，一同享用美食，由於我們算是小團體，因此管理人有幫我們準備晚餐，大夥開心的聊著，在歡笑聲中享用這特別的晚餐，盡興之餘，又上了香醇的紅酒，這一天的我們可以說是滿足到作夢也會笑！

　　值得一提的是這家「青年旅館」就位於壯闊的冰蛇山卜，每天傍晚被夕陽映紅的「雪山火蛇」秀，是我們飯前必備的開胃菜。而隔天一早獨自出來晨拍，剛升起的日出在雪白的山頭塗上一層可口的橘子醬，又是一道美味的早餐啊！

 AC充電站　　　入住青年旅館須知

　　　　　這是背包客的地盤，當你入住這裡時會遇到來自世界各地的旅人，大家一同睡、一同吃，衛浴也是一同用，因為男女分區，所以同行的情侶、夫妻要有心裡準備喔！吃也要自己準備食材料理，使用公用的鍋具和餐具，但別忘了發揮公德心，要好好愛惜使用，更要物歸原位，並且做好回收喔！
　　住宿資訊：青年旅館名稱Auberge de Jeunesse，網址：www.fuaj.org。

在阿爾卑斯山中搭乘纜車，徒步親臨高山美景

　　法國是一個豐富的國家，要浪漫有巴黎、要鄉村有普羅旺斯、要海有馬賽、要城堡有羅亞爾河流域，要山則有鼎鼎大名的阿爾卑斯山，在這樣的一個國家旅遊是幸福的，整趟兩個星期的旅程玩下來，你永遠玩不膩，永遠不知道下一道

將端出怎樣的饗宴來迎合愛玩的靈魂。接下來要和大家分享要山有山的部分,法國行的第
六天我們將開拔到「霞慕尼」地區玩耍,在美麗的阿爾卑斯山區裡健行。

　　開始前先來簡單介紹一下「霞慕尼」（Chamonix）這個地方,它位於法國東邊中部,
也是法國、瑞士和義大利三國交會的邊境,有兩百多年的歷史,是阿爾卑斯山的交通樞
紐,多樣的戶外運動,除了是歐洲人最愛的度假勝地之一,也是攀登歐洲第一高峰白朗峰
的起點,1924年還曾舉辦過第一屆冬季奧運。

　　一早貪心的吸著阿爾卑斯山的新鮮空氣,看著暖呼呼、黃澄澄的陽光已經灑向我們那

1	4 5
2 3	6
	7

1&2 山頂上爆炸藍的天空。

3「露天座位」纜車。

4 注意看這張照片,眼尖的你發現了嗎?換上小小白拉到200 mm最遠端瞧個清楚,沒錯,史上最刺激的工作就在這裡!

5 結成冰柱的窗沿。

6 登山客走在白皚皚的雪地中。

7 登山客的身影與足跡亦在雪地上組成了一幅特殊的圖畫。

107

阿爾卑斯山的寫生。

可愛的小窗，這樣迎接一天的到來真是幸福極了。用完早餐，我們已經準備要來好好地觀賞這霞慕尼的山景。

　　來到山腳下的纜車站，透過超廣角鏡頭＋偏光鏡隨便拍都是無敵藍天白雲的好天氣，令人心情大好。要到3,842公尺的南針峰當然不可能叫我們用腳爬上去，搭纜車輕鬆愉快，既快又不累，當然是首選啊！而且纜車路線沿途的景致也是美不勝收！我們買了三天的套票，只要有力氣，三天內霞慕尼這一區的所有纜車都可以搭到爽，而且不另外收費！

　　第一站我們可要先攻上位於霞慕尼的高峰——南針峰（Aiguille de Midi）。搭上高山纜車，約可容納二十多人，這天纜車生意超好，站在像擠沙丁魚的纜車內第一要務就是盡量擠到窗邊看風景，這是很不一樣的經驗，因為向外看去可是層層相疊的雪山，隨著漸漸升高的纜車，我們所在的高度越來越高，在雪地上登山的人越來越小，還見到他們留下來的小小足跡，在雪地上交錯出亂中有序的線條，襯著他們五顏六色的裝備，儼然成為一幅會動的畫作呢！

　　在2,000多公尺處中途換纜車時看到了一幕讓人心跳一百的畫面，居然纜車維修員就坐在纜車車頂的輪子上，跟著纜車衝到3,800多公尺的山頂又衝下來，光是看到他在那裡，我和Claudia都心跳加速外加腳軟，真是很佩服他的勇氣，也謝謝他辛苦的幫遊客維護纜車在

最佳狀態中行駛！

　　藉著纜車的力量，我們輕鬆到達3,800多公尺的南針峰山巔，不過別看外頭豔陽高照一副晴空萬里的樣子，一出纜車後，山風一吹，天啊！這都是騙人的假象啦！迎面而來的可是冷颼颼的風呢！我是比較不怕冷，好險Claudia有做萬全的準備，外套、圍巾、帽子一應俱全，趕快遮住口鼻，戴好帽子，讓身體的溫度不會流失。在這麼高的地方蓋纜車站，真的是一件讓人敬佩的艱難工程，不過也因為有了前人的努力，讓我們可以輕鬆的親近這座高山。

　　再來的景象就真是驚為天人，一望無際的山巔，一層疊過一層，每個人都忘了說話，不斷傳來驚呼聲，以及喀嚓喀嚓的拍照聲，遠處調皮的雲朵穿梭在群峰中，真是人家常說的美不勝收啊！

　　在南針峰可以近距離欣賞4,810公尺的白朗峰（只有相距8公里）和360度的高山環景，真是美到爆！

在阿爾卑斯山上吃台灣點心

　　離開可以「近眺」白朗峰的南針峰後，我們又搭另一種纜車準備前往阿爾卑斯山區健行！這纜車雖然海拔較低，不過完全「踩不到地」的「露天座位」，驚悚度可是更高啊！

　　老實說，我到現在仍舊不知道這

Claudia在阿爾卑斯山上速寫的背影。

是哪裡，不過藍天搭配路標和單車還滿美的啦！總之，這裡真的很美很美，綠地、小花、遠山、藍天、白雲，所有明信片或月曆會出現的風景照大概就是這樣吧！美到讓大家都很high，high到一定要來跳一下，才能表達心中的興奮！

　　半天玩下來我們肚子也餓了，這時在阿爾卑斯山來個野餐是一定要的。愛台灣的表現就是把「小王子麵」帶出國發揚光大啊！嗑完蘋果和小王子麵、海苔後，被眼前壯闊的景象所感動的Claudia，開始把素描本拿出來畫畫了。我呢？也把小精靈拿出來外拍囉！這麼美的地方，一定要讓小精靈留下足跡。

帶著小精靈一起去旅行

在旅途中，我們可能會遇見很多經典的風景，也會拍下一張張到此一遊的照片，當我們想把這些旅行的美麗相片製作成月曆或桌面圖片，和親朋好友分享感動時，挑有我們自己到此一遊的合照照片太肉麻了點，好像只適合自己欣賞，不太適合別人放在辦公桌上使用；挑單純的風景照又千篇一律像是市面上賣的月曆，少了那麼一點獨特的感覺，所以就開始了我們帶著小精靈到處旅行拍照的習慣，也會每年都做成小精靈月曆來和親朋好友分享生命中的美好。

這算是另一種甜蜜的負擔，除了出發前就得先預想好什麼場景適合帶什麼造型的小精靈外拍，行李中、相機包中也要另外留一部分的空間來放細心打包的小精靈，讓陶土做的小精靈也能「快快樂樂出門外拍，平平安安回家」。

不過老實說，要幫小小的小精靈取景外拍比起拍人搭風景難多了，因為喜歡的風景角度不見得適合擺放小精靈，有時需要在附近找好久才會發現完美的適合地點，但也因為如此，久而久之間接培養出我對場景的敏銳觀察力，現在已經可以很快的利用地形地物來搭景拍攝小精靈了。有機會出下一本書的話，再和大家分享更多精采的小精靈歐洲旅遊相片。

大家若有興趣，也可以試著帶自己喜歡的小布偶或公仔去旅行，幫它們拍拍照，相信會有不同的旅行樂趣和收穫喔！

阿爾卑斯山健行，向左走，還是向右走？

吃飽也滿足的看完面前那片風景後，攻上山巔後的我們，當然還沒滿足囉！從遠處看就這麼迷人了，接下來就是用雙腳來更親近這座山的「阿爾卑斯山健行」活動，從不同的面向和角度來看個夠。參加半自助的好處是你可以依照自己的意願或體力，決定是不是要參加，我們當然是一定不會錯過在阿爾卑斯山健行的機會，另外一些不想健行的團員，則可以繼續利用三日套票去搭其他纜車。

纜車下班時間要注意。

再度搭上另一輛纜車，這是要往山中健行步道的纜車。出發，Let's go！這真的是一條很美麗的健行步道，平緩又平易近人，不會有登大山的坡度讓我們氣喘吁吁，只會有沿途美不勝收的景致讓我們驚呼到容易口渴。

繼續走，心情持續愉快中，原來明信片中的風景是真的，我們就身在其中，超幸福！而且隨便拍都是明信片級的風景照。現在看著照片，還是會忍不住想走進相片中的風景再

1
2 3 4
5 6

1&6 美麗山景。
2~4 看看沒有懂的法文路標。
5 明信片中的風景是真的，我們就身在其中！

只緣身在此山中。

回味一次。

　　在人生地不熟的阿爾卑斯山區閒晃，是件危險的事，所以我們有輔導員隨行在最後壓隊，但不知道是不是我們邊走邊玩走太慢，讓後面腳程快的輔導員想先休息久一點，再一鼓作氣追上我們，在這未來的1小時完全看不到輔導員，我們只好自由發揮，抬頭找纜車的方向前進。

　　來到三叉路口，看著有看沒有懂的法文路標，到底纜車站是哪個方向呢？大夥又翻地圖、又翻旅遊書，沒有一個人說得準，只好拿出銅板來決定了。低頭沉思，到底要走哪個方向呢？如果沒有時間壓力的話，在這裡小迷路是還滿愜意的，不過時間已經四點了，纜車五點就停止運轉，所以如果我們趕不上五點前找到纜車站的話……後果不堪設想。

　　那時失去方向感的我們真的是低著頭在走路，很像打敗仗的部隊垂頭喪氣地走在一望無際的沙漠裡，此時也只能相信自己的第六感了。漫無目的走了一陣子後，突然後面的團員傳來一陣歡呼聲，轉過頭去，只見輔導員以「救世主」之姿緩緩地出現在路的那頭，而且是從容走著、邊走邊笑喔！

在他的帶領之下，我們很快的就「步上正途」，趕在關門前來到了半山腰的纜車站。喔耶，我們不用走路下山囉！

搭上最後一班纜車下山，結束這趟約3小時的阿爾卑斯山健行之旅。回到山下，彷彿又回到了文明的世界，雖然後面這句話有點誇張，但當下真的有這樣的感覺──活著真好！

AC充電站　高山健行二三事

出發前一定要弄清楚回程的纜車時間及搭車處，還有途中的指標也要看仔細，才能盡興的遊玩喔！如果沒有登山或健行經驗的話，一定要找有經驗的同伴同行，畢竟大自然的多變，以及路途的遠近觀念，是很需要經驗的，一切就緒便能開心出發，享受法國山林的美景。

一點靈　高山風景怎麼拍？

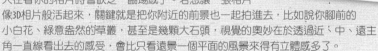

來到從小教科書中就一直讀到的阿爾卑斯山，要怎麼拍才能留下這片美麗的高山風景呢？簡單的說，有兩個小技巧：

1.帶入前景：看到一幅壯闊的風景出現在你眼前是很漂亮、是會哇哇叫沒錯，但如果只是拿起相機喀嚓一聲把眼前景象完全複製的話，就稍嫌平淡了點，因為這樣別人在看你的相片時會缺乏「臨場感」。若想讓一張相片像3D相片般活起來，關鍵就是把你附近的前景也一起拍進去，比如說你腳前的小白花、綠意盎然的草叢，甚至是幾顆大石頭，視覺的奧妙在於透過近、中、遠主角一直線看出去的感受，會比只看遠景一個平面的風景來得有立體感多了。

2.善用比例尺：阿爾卑斯山的大自然景致很壯觀對不對？對身在現場的我們當然是很清楚地知道，但對於看相片的人只透過那小小的一個侷限方框看風景，要怎麼想

像呢？最簡單的方法就是，加入我們熟悉的人事物在風景相片中，當作對照組，例如想拍高山蜿蜒山路的美，不妨可以等待伙伴從山路後方走來經過大樹的瞬間按下快門，用人的渺小和大樹的對比當比例，讓沒有身在現場的人也能感受大自然的偉大。

另外還有一些攝影小技巧也可以運用，讓作品更多元，例如加偏光鏡拍出高山的暴力藍；或是縮光圈到最小，拍出太陽縮成耀眼的光芒；也記得壯闊風景的大魚大肉之餘，要搭配些青菜般的路邊小花小草特寫小品，讓整個系列的相片看下來更加精采。

123 ｜ 5
4 ｜ 6

1 翹鬍子老闆,你是達利嗎?
2 翹鬍子老闆的店。
3 這就是「白朗峰可麗餅」啦!吃起來除了甜死人之外,還有「心痛」的感覺。
4 冰河列車。
5 冰河列車沿途風光。
6 打了燈的冰宮感覺好夢幻。

嘗一口白朗峰可麗餅

回到山下放鬆心情後的下午茶更是美味可口,因為有一種歷劫歸來的感覺,大夥相約找家店坐下來喝杯飲料解解渴休息一下,坐下來的那一刻更顯得輕鬆無比,「翹鬍子」老闆,把最好吃的都送上來吧!

Claudia一直想嘗嘗看法國的可麗餅,又看到菜單上有一道名為「白朗峰」的可麗餅,雖然要價6.2歐元(約280台幣),但衝著今天登頂遠眺美麗的白朗峰,二話不說就給它點下去!結果送上來時也同樣是二話不說的讓我們傻眼。什麼?可麗餅皮上面擠兩大球白白的奶油,這就叫做「白朗峰可麗餅」喔?嗚……有被騙的感覺!

一夥人吃吃喝喝,又開始聊著美麗的阿爾卑斯山健行回憶,和剛剛差點迷路的種種經過。

有老婆相陪的阿爾卑斯山健行是幸福的。

有朋友相伴的阿爾卑斯山健行是快樂的。

有天使相救的阿爾卑斯山健行是平安的。

再見了,美麗的阿爾卑斯山,有一天我們一定會在歐洲的某一個國度再次與你相逢!

來去冰河的肚肚裡吧!

在阿爾卑斯山系的這段時間,每到一個山頭所需

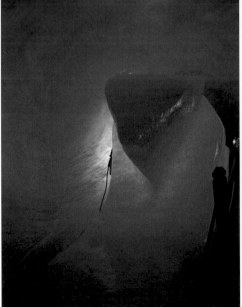

1 2 | 5 6
3 4 |

1 下探冰河要搭纜車加爬階梯。
2&3 打了燈的冰宮感覺好夢幻。
4 在天然的冰庫裡保暖不能少。
5 冰宮介紹牌。
6 冰河肚肚的相片。

CLAUDIA STAMP

要的交通工具竟然是各式各樣的纜車呢！對我們來說，在短短的時間之內，看到這麼多種類的纜車，真是相當新奇的事。所以每上一種纜車就莫名的興奮和緊張。

登完了雪巔，另一項刺激的體驗正等著我們——下探到冰河肚肚裡喔！這壯觀的冰河，從山巔上結凍成它當時流動的瞬間，好壯觀！但隨著氣溫的變化，冰河的高度已經漸漸地下降了，所以我們把握難得的機會，可以到冰河的肚肚裡面去體驗一下，這上千年前所結凍的冰河裡頭是什麼樣子。

他們將一大塊的冰河中間鑿出一條走道，裡面做了一些裝飾及規劃，讓我們能走在巨大的冰河裡，體驗冰河奇觀。此時我們又嚴肅起來了——這樣算不算是破壞自然景觀呀？這念頭只閃過一下下，因為在裡頭實在是太新奇、太有意思了，而且是天然的冰河走道喔！看我們穿的衣服就知道裡面真的很冰，很擔心Claudia再待久一點就會感冒，這次法國行因為氣溫的差距太大，常讓Claudia過敏的鼻子鼻水直流，搞得心情很差，所以感謝團員熱心提供Claudia一個Hello Kitty口罩，讓她無論起床或遇到冷空氣就可以罩一下，讓她的鼻子在Hello Kitty的照顧下，舒服許多。

過敏防備戰！

如果對於氣溫的冷熱變化會過敏的人，一定要跟Claudia一樣，準備好口罩、藥品和隨身面紙，就能防止過敏來打亂你美好的旅程喔！

安錫

阿爾卑斯山下的威尼斯

　　安錫，是一個美到不行的湖邊小鎮，結束了一系列大自然風光，再度置身於小鎮中。不同以往的鄉村小鎮，它是高山下的湖邊小鎮。這個湖邊小鎮有條通往安錫湖的小支流，支流旁就是一間間的餐館，我們坐在河邊欣賞潺潺溪流，浪漫的紅色光線緩緩的打在小鎮

阿爾卑斯山下的威尼斯 —— 午後光影

上，美食美酒當前，我們的心又醉了！

　　來法國之前就對「安錫」（Annecy）這個地方充滿了期待，旅遊書上是以「阿爾卑斯山下的威尼斯」這個美名來形容它，真的只能說法國行讓我們期待的點實在是太多了，所以每天都帶著依依不捨離開眼前這個美麗的城鎮，又帶著滿滿的期待前去拜訪下一個城鎮。接下來跟著小精靈一起「趣」安錫，來去窺探這個兼具運河、高山、湖泊和中古世紀街道風情的迷人城鎮吧！

　　安錫位於法國東邊的中間地帶，和瑞士的國界相鄰，屬於阿爾卑斯山省的一部分，所以這裡的街景美得像一幅畫，背景是壯麗的阿爾卑斯山，加上流過城鎮的運河和種滿花卉的美麗河畔，走在這樣的中世紀古城裡，真的會有種時空錯亂的幻覺。

　　有句話是這麼說的：「有河流過的城市是浪漫的。」我的家鄉高雄是，安錫也是，拍下這張風景時，我深深覺得住在這裡的居民真是超幸福的！

　　來到安錫是我們15天行程裡的第八天，剛好過了一半的旅程，這時的心情也是有點小

阿爾卑斯山下的威尼斯——夢幻色溫版。

複雜。每次我們出國玩時,一開始都是無比高興,因為長達兩周的旅程感覺怎麼玩都玩不完,每天起床後就是無止盡的玩耍,心情超好;但是過了一半的旅程後,會有一股旅程將結束的倒數計時心情悄悄發酵,這時每天一起床就會變成想說:「唉……美好的時光又少一天了。」很矛盾的心情。

常聽人說,出國玩到最後會有思鄉的情緒,這點我們倒是沒有,可能是離開家鄉出國玩的時間還不夠久吧?如果可以玩一個月,或許就會思鄉也說不定。

午後的安錫

監獄在這可愛的小鎮

歐洲7月到下午六、七點的天還是亮著的,午後我們一群人沿著法國的「威尼斯」運河邊漫步,好不愜意啊!途經一間明信片店,店裡賣的寬景色溫照真是美到一個不行,不禁開始期待傍晚時的景致。

安錫是一個很可愛的城鎮,像是童話故事裡才會出現的畫面一樣。運河的盡頭是安錫最著名的明信片風景,位於運河中央的是中古世紀監獄。

這裡也是很多藝術家聚集的地方,逛著逛著,遇見橋上的畫家,Claudia一邊看著他畫畫、一邊向我說:「難怪歐洲會有這麼多大師級的畫家,因為他們平常就是住在畫裡面,潛移默化中自然會有很想創作的衝動。」我看著Claudia閃閃發亮的眼睛,「恨不得生在歐洲」應該是學藝術的她此刻心中的吶喊吧!

1
2 4
3 5

1 幾可亂真的街頭壁畫。
2~5 午後的安錫街景。

不可錯過的經典畫面

就攝影的觀點來看，要認識一個地方的美，最快的方法就是先去逛它的明信片店，然後尋找明信片裡經典的取景角度和風景，大概就八九不離十了。因為會做成明信片來賣的，一定都是從當地的攝影美作中精挑細選出來，原則上應該是經過許多攝影師經年累月取景和探勘的最佳角度，俗話說「前人種樹，後人乘涼」，跟著前人的腳步走就不會錯了。

通常我在出國前就會開始在網路上作功課，什麼地方有怎樣的經典美景必拍，早已烙印在腦海中了，當你的雙腳真的走入那個風景中時，心中的感動無以言喻！

河中監獄

這三角形的錐形石造屋建於12世紀，不僅是座監獄，也是座法庭，亦曾是鑄幣廠，現在則是展示當時舊牢房、法庭和歷史資料的博物館。

運河邊的晚餐

由於安錫實在太美了，所以我們決定好好找一間餐廳坐下來享用美食和美酒，才不會辜負了這個號稱「威尼斯」的城鎮，常吃的法國棍子麵包三明治，今晚就先跟你說聲Sorry囉！

我們經過一番考慮，最後決定要在最有代表性的運河邊餐廳享用美食，一張簡單的桌子，兩張鮮豔的椅子，隨便往路上一擺就是這麼有味道。河對岸餐廳的窗邊座位剛好面對運河，窗邊的小花布置很有fu，不過沒訂位坐不到。

餐廳外牆掛著很有fu的菜色板子，不過黑板寫什麼菜單我們是有看沒有懂，只好又準備使出「一指神功」來點餐了。還好這間送上來的菜單有英文版，所以我們就很開心的點了套餐來吃，當然點瓶美酒是一定要的啦！

我們開始吃飯時，其實已經晚上快八點了，我的前菜──蝦子是還不錯吃，不過盤子實在太大了，讓蝦子顯得有點寒酸。主餐──醬烤豬肋排，讓人啃得很過癮，另外在歐洲常常點什麼排餐都會附上一堆薯條。

而Claudia的主餐是超豪華凱薩沙拉，坐在運河邊一面享受美食美酒、一面看著被夕陽渲染成草莓醬紅的阿爾卑斯山，和好友開心的聊天，當下「人生就是要浪費在美麗的事物上」這句話真的會自然而然地閃過腦海。

1

2

3　5

4　6

1 被夕陽染成草莓醬紅的阿爾卑斯山。

2 我們憑感覺找的餐廳，居然就是明信片上美麗色溫
　的那家。

3 Claudia的超豪華凱薩沙拉，她需要補充蔬菜了。

4 我的主餐──醬烤豬肋排，這就很好吃了。

5 河對岸窗邊小花布置得多溫馨呀！

6 連餐廳掛在牆上寫菜色的牌子都這麼有fu。

123

夜晚多變逗趣的安錫

　　夜更深了，餐廳的燈光也慢慢地亮了起來，一場夜的嘉年華彷彿正悄悄拉開序幕。前面提到的那間河邊餐廳就在我們對面，打了燈後也是浪漫到不行。美麗的色溫在溫暖色調的餐廳襯托下登場，相信我，當下我真的是一邊拍、一邊在內心裡不斷的叫著：「天啊！

1 2
3 4

1 超廣角加星芒的明信片照。
2&4 靠高ISO和防手震的慢速快門，拍下美麗的色溫美景。
3 夕陽後的藍藍色溫把安錫點綴得更加童話。

天啊！」真的是太美了啦！美麗的色溫稍縱即逝，我到底要拍一號明信片風景，還是二號的呢？這真是貪心攝影師最大的困擾啊！

一號明信片和二號明信片爭著說：「選我！選我！」

正當在猶豫的時候，二號明信片那邊突然傳來一陣喧嘩的聲音。這、這、這……我沒看錯吧？運河上有一艘橡皮艇耶！三個年輕帥哥居然就裸著上身，打著可愛的領帶，恣意坐在橡皮艇上，在波光粼粼的運河上邊漂流邊高聲歌唱，兩邊的遊客也回報以熱烈的歡呼和掌聲，河上河下一時間好不熱鬧。不過這三個哥哥是有練過的，小朋友不要亂學喔！因為在運河的那端，警察正在等著他們……。

安錫的夜像場熱鬧的嘉年華會，有美酒、有美食；有好友、有美麗的老婆；有色溫下藍色調的迷幻風景、有河中插花的帥哥歌聲；還有大家手上的「戰利品」，真的是「有吃又有拿」啊！有機會來法國的話，阿爾卑斯山裡的威尼斯——安錫，一定要排入行程之一！

安錫的火焰繪畫街頭藝人，就像火的魔術師般奇幻。

一點靈　再困難還是要留下一張美景

手上有這顆24-105防手震的L鏡是幸福的，讓沒有帶腳架的我還是能靠著高ISO和防手震的慢速快門，拍下美麗又清晰的色溫美景！拍完標準廣角後，當然是要換上超廣角來拍一下啦！手持拍一張後，總覺得河面的倒影不夠朦朧美，街燈沒有星芒點綴也有點可惜，可是我偷懶沒帶腳架出來怎麼辦？只好硬著頭皮把相機「卡」在橋上欄杆的某個角度，這角度只要一失手，我的單眼相機就會像那三位帥哥一樣在河裡唱歌了，所以小朋友也是不要亂學喔！調整好構圖角度，縮小光圈營造星芒，放慢快門讓水面朦朧一點，就拍下一張美美的明信片風景囉！

真的要夜拍卻偏偏腳架不在身旁，或是腳架明明在身旁，雲台的快拆版卻忘在飯店沒帶出來（不要笑，這真的發生過，那一整天背著腳架像在健身一樣），沒關係，大地萬物皆腳架，發揮你的想像力，只要相機可以平穩放上去的地方，像是欄杆柱平台、地面，再用隨身手機或拆下遮光罩來撐住鏡頭調整角度，一樣可以拍得嚇嚇叫啦！

一早充滿朝氣的古董市集

藝術家現場作畫。

在這裡每個月的最後一個星期六會有古董市集，很幸運的是，我們遇到啦！要離開此地之前，一行人逛遍了城鎮的巷弄、一攤攤的古董攤販，看到古時候的熨斗、農具、菸斗、寫過的明信片、古畫及各種杯盤等，岸邊也有許多畫家在作畫。

我看上一位藝術家的一幅水彩作品，清透感十足、光線處理得很棒，不自覺的駐足欣賞，而這位藝術家也前來攀談，我跟他小聊了一下，他竟是以此為工作，並且住在離這座橋5分鐘路程的地方，我跟他說：「你的工作真是令我羨慕！」與他快樂的合影一張，離開時不忘再看那幅畫作一眼，當時不敢問他價錢，因為知道一定不便宜，但現在的我超後悔，我應該問他，並且無論多貴都要把它買下來，因為我很少會這麼喜歡街頭藝術家的畫作，真是遺憾又一樁！

其實，到國外旅行，在當下的氛圍和心情所喜愛上的東西，一定是代表當時情境下的自己。那幅水彩畫水分飽和，又具浪漫的流動感，在小小的畫紙上表現出安錫小鎮上的純樸靜謐色彩，那畫中的情境完全表現出我那天早晨滿足的幸福感，未能把那份幸福感帶回，雖然小有遺憾，但現在回想起來，那份幸福感仍在內心深處不曾離開呢！

一點靈 旅行途中的相片備份

我想不僅對攝影愛好者，甚至一般人而言，旅途中一步一腳印拍下來的一張張相片，絕對是最重要的東西！旅行途中錢被偷了，再賺就有；護照丟了，再補發就有；但是旅途中所拍的相片不見了，就不是花錢和時間可以彌補回來的遺憾了，何況出國旅行很可能這些地方我們這輩子只會來一次而已啊！所以怎麼把你的珍貴相片保護好是一件很重要的事。

拜數位相機普及之賜，現在我們出國很少再用底片拍照了，取而代之的是各式各樣的記憶卡。經過法國相片失蹤記的慘痛經驗之後，我現在出國旅行時的相片備份會採取雙重保障的方式：記憶卡＋儲存碟。因為現在的大容量記憶卡其實都很便宜了，所以我會去買或去借到好幾十G容量的記憶卡攜帶出國，每天晚上回到旅館休息前，把當天記憶卡中的相片備份到儲存碟中，該張記憶卡拍滿後不要刪，換另一張記憶卡繼續拍，然後把記憶卡和儲存碟分兩個行李放，如果這樣相片還會同時損龜的話，那就代表一件事──這個國家在呼喚你回來重玩一次！

```
1  2
3  4
  5  6
```

1~6 一早的安錫藝術市集。

相片失蹤記

其實,回到台灣Anderson有一部分的相片遺失,找不回來,我心想:可千萬不要是這一段相片遺失啊!這位畫家還有上旅遊書呢(我事後看旅遊書發現的)!結果回來之後的第二天,他就斬釘截鐵的對我說:在安錫古董市集的相片救不回來了!還有古堡飯店的浪漫晚餐也沒了!

難過呀!遺憾呀!心痛呀!我深深的懷疑我們家Anderson的硬碟跟他是一夥的,每次我只要跟帥哥合照,相片不是晃到,就是不見。不過,豪華法國餐也遺失了,是我們倆更心痛的地方……只能從記憶裡回味了!

CHAPTER 5
復古的法國——城堡巡禮

Bonjour France

羅亞爾河流域三大堡

雪波堡、雪農堤堡、修維尼堡

　　在歐洲最吸引人的建築，除了教堂之外，就是那屬於王子、公主的城堡了。在法國當然也不例外，有許多當時留下來的著名城堡，裡頭蘊藏著豐富的歷史文化，歷代興衰的變化，當然最引人入勝的就是那一段段有趣的城堡人物故事，有浪漫的愛情故事、淒美複雜

的愛情故事、墮落的浪蕩故事或偉大的國王故事等。走入叢叢樹林的古堡大道，就如同走入一段段中古世紀上演的戲劇一般，充滿了神祕及新奇。想像力豐富的我們最喜歡欣賞這些古時候的物品，每每在參訪房間或廳室時，小至

是堡，還是堡？

一個杯子、大至一席浪漫古典的床，都能讓愛幻想的我們，不自覺編織起這些物品的主人在這裡走動及使用的情景。

　　這是一段從法國南部普羅旺斯一路往北玩到巴黎的旅行，羅亞爾河流域的城堡之旅大概是旅途地理上的中間點，也是時間軸的中間點，接下來就帶著你的想像力，和我們一起進入中世紀的羅亞爾河流域，咬一口這「千年傳統，全新體驗」的「三大堡」吧！

香波堡　法國古堡的王者

　　如果說每個國家都要選出一座城堡來參加「世界盃城堡選拔大賽」的話，德國會選「新天鵝堡」，而法國就非「香波堡」（Château de Chambord）莫屬了！香波堡是聯合國教科文組織選定的世界文化遺產之一，它的氣勢讓看過不少「堡」的我們，也為之讚嘆不已（其實不僅看過不少，也「吃」過不少「堡」，呵呵）。

　　雖然香波堡一開始就不是為了防禦而建，而是16世紀法蘭西王國Francois一世為了炫耀和享受下令興建的狩獵行宮，但文藝復興時期建築極致的香波堡就像是一顆明珠般鑲在羅亞爾河上，由於它的王者風範，香波堡被形容為法國古堡群中的「國王」，和有陰柔之美的「香儂瑟堡」合稱為「一王一后」。

　　香波堡之所以會成為「堡中之王」，不僅由於腹地面積之大約等同於巴黎，而且它的外觀更是讓人看過一眼就難忘記！最特別的就是城堡頭上頂著三百六十五座大大小小的煙

| | 2 |
|1| 3 |

1 法國古堡的皇后——香儂瑟堡。
2 法國古堡的王者——香波堡。
3 夢幻的門票票根。團體票5.5歐元，一般成人票8.5歐元。

插滿蠟燭的生日蛋糕。

図，很像一個插滿蠟燭的生日大蛋糕！

　　傳言這座城堡的設計者就是達文西本人，最值得一看的為城堡中央貫穿城樓、直通屋頂的雙層螺旋階梯。以前城堡因為考量要易守難攻，一般都設計成順時針的螺旋階梯，這樣上攻者會由於右手空間不足而難以揮劍，不過香波堡因為已經無須考慮軍事功能，所以將樓梯設計成寬敞又美麗的雙層螺旋。據說這是出自達文西巧妙的設計，使得上、下樓梯的人可以互相看見，卻不會碰面，官方說法是讓國王和僕人有階級之分，野史說法是國王不希望皇后和「小三」在樓梯間面對面強碰，免得一發不可收拾。

　　另外我們在參觀的時候，還有穿著整齊制服的樂隊會在城堡的各個角落吹奏宏亮的管樂，尤其在雙層螺旋梯前默契十足的吹奏，整座大廳餘音繚繞，讓人印象深刻！

餘音繚繞的樂隊吹奏。

雙層螺旋梯。

「火蠑螈」是皇室的圖騰象徵，而且每個圖案的皇冠都不盡相同。

看完香波堡之後，就會覺得另外兩個城堡實在是小巫見大巫了！如果你的旅程時間或經費有限，無法一次享用豪華的三堡套餐，那至少要點其中最經典的香波堡，才不會後悔！

沒有永遠的晴天
——旅行途中的黑白世界

在旅途中你不可能永遠都遇到晴天，但明明是一個期待已久的經典風景，卻遇到陰天拍照色彩不豐富怎麼辦？我的答案是：那就試著拍黑白的吧！你無法決定天氣，但你可以決定心情的好壞，所以不要讓陰天壞了遊玩的興致，當你試著用黑白模式來看世界時，或許會有全新的感受與驚豔喔！

現在的數位相機都可以調成黑白模式來拍了，所以從觀景窗或螢幕就可以很快速地看出這個景黑白的感覺，雖然對拍黑白照還在摸索中，不過有幾個小技巧可以和大家分享。

第一，黑白分明，不要重疊：這樣才能讓主題跳出來，不然都糊在一起了。

第二，輪廓線條的構圖：在黑白的世界裡，天空是白的，建築物是黑的，善用構圖的角度讓建築物在天空中突顯出來。

一組相片裡面穿插個一兩張黑白照，會讓整個意境很不一樣喔！

不管是彩色的艾菲爾鐵塔，還是黑白的；不管是直的，還是橫的；它就像被吸進我們的心裡一般，時時刻刻提醒著你關於這段旅程的美好。

教堂迴廊裡的男子，拍成黑白的，我覺得很有味道，也很有想像空間。

老人也很適合黑白的感覺。

藍天白雲下的這個角度，應該是張有無敵倒影的經典風景，而陰天下黑白的香波堡多了份繁華褪去、人事已非的淡淡感傷。

 香儂瑟堡　法國古堡的皇后

　　老實說，香儂瑟堡（Château de Chenonceau）並不特別大，也沒有美麗到讓人一見鍾情、怦然心動，但為什麼「她」有資格稱為法國古堡「一王一后」中的皇后呢？起初我們猜，會不會因為香儂瑟堡是跨越羅亞爾河支流雪河的水上城堡，有女人「柔情似水」般的情愫感覺？後來聽過導覽後才明瞭，原來香儂瑟堡的國王、王后、情婦間的故事比電視劇「犀利人妻」還精采一百倍啊！不僅有小三劇情、還有老少配橋段！如果說王者香波堡是以壯闊的實力贏得封號，那香儂瑟堡就是以深宮情史的精采度摘后！且聽我娓娓道來這段故事。

　　香儂瑟堡從16世紀以來歷經六位女性貴族的修建，所以又稱為「六個女人的城堡」，但其中最有名的有三位，分別是大老婆──皇后「凱薩琳」、小三──比國王亨利二世年長二十歲的情婦「戴安娜」，以及媳婦──皇后凱瑟琳第三個兒子的老婆「露意絲」皇后。

　　話說亨利二世小時候因為老爸和西班牙打仗失敗被俘虜，釋放的條件是要兩個小王子

1	2 6
	3 7
	4 8
	5 9

1 城堡西側的凱薩琳花園和雪河。
2 香儂瑟堡。
3 城堡入口的人面獅身石雕。
4 走進城堡前是一片舒服的綠意盎然。
5 露意絲皇后守寡十一年的黑色寢宮。
6&7皇后凱薩琳熱愛美食，一手打造了這間位於地下室的廚
　　房，並收藏了大量的烹飪器具（翻拍自城堡簡介）。
8 香儂瑟堡空中鳥瞰圖。（翻拍自城堡簡介）
9 本來是黛安娜興建的跨越河面橋樑，後來皇后凱薩琳鋪上
　石灰地板，加上透光的屋頂，變成跳舞交際的美麗迴廊。
　（翻拍自城堡簡介）

交換當人質。已經是兩個孩子媽的黛安娜護送當時才九歲的亨利二世到邊境交換老爸,或許是因為母愛作祟,在邊界等待交換的時候,她看到他眼中所流露出來的驚恐,忍不住衝去抱了小王子到邊界,這一抱也開啟了亨利王子和黛安娜往後的老少配之戀。

被安排和同歲凱薩琳結婚的亨利二世,婚後還是無法割捨與黛安娜的戀情。當時天真的皇后凱薩琳不知道這位她視為母親,並教導她王室禮儀的女人竟然就是丈夫的情婦。

而香儂瑟堡就是亨利二世送給情婦黛安娜的禮物,她在城堡東側興建了一座美麗的花園,後人稱為「黛安娜花園」。亨利二世在一場比武意外去世後,失寵二十年的皇后凱薩琳將失去靠山的黛安娜趕出香儂瑟堡,並在城堡西側興建了「凱薩琳花園」,真的是君子報仇十年不晚啊!

我覺得這是一座「怨恨」很深的古堡,甚至帶點詛咒的意味,因為就在凱薩琳皇后把香儂瑟堡送給她的第三個兒子「亨利三世」幾個月後,亨利三世就被刺身亡,他的皇后露意絲守寡十一年,並將自己的寢宮改成黑色,身穿白服,被後人稱為「白皇后」。

看完了香儂瑟堡的故事,我相信當你有機會來拜訪這座「女人的城堡」時,一定會有不同的感受!

其實走在進入香儂瑟堡前的森林步道,眼前一片綠意盎然,並沒有故事中皇后與情婦之間的愛恨情仇,以及寡婦的哀傷這些沉重氛圍。堡中兩座花園的浪漫光影,加上位於羅亞爾河支流雪河上的迷人湖水倒影,香儂瑟堡從一開始,就是屬於女人的城堡,充滿女性的設計風格。我一邊走著、一邊不禁遙想那時城堡主人在此悠遊漫步,並且為情所傷的情景。

 ## 修維尼堡　法國古堡的漫畫人物

說真的,連續兩個堡「吃」下來有點累了,沒幾步路又一座城堡,心想古時候的貴族和有錢人會不會太多啊?還好接下來的這個「修維尼堡」(Château de Cheverny)能讓我們用比較輕鬆詼諧的心情去看待,因為這是漫畫人物

1&3 有看過「丁丁歷險記」這部卡通嗎？男主角叫做丁丁。挺有意思的展覽，這是歐洲超有名的卡通，裡面陳列漫畫裡的實物及實景，很多小朋友都流連忘返！

2 準備進城去。

4&5 修維尼堡的門票資訊與地圖。

丁丁的城堡喔！

　　丁丁（Tintin）是比利時的知名連環探險漫畫主角，這位樂觀而富於冒險精神的小記者，可與007或印地安那瓊斯媲美，在歐洲的知名度相當於日本的Hello Kitty。《丁丁歷險記》中曾出現一座法國城堡——穆蘭薩城堡，是丁丁與朋友們歷險後停泊休息與再次出發的港灣，雖然是虛構的故事，但作者正是以修維尼堡為故事的創作藍圖！

　　目前城堡所有者仍為該家族成員的主人，而且修維尼堡應該是法國私人古堡群裡最懂得搞行銷的，不但主打「丁丁」在歐洲的高知名度來促進觀光，還特地在城堡旁邊蓋了一棟丁丁展覽館，供丁丁迷朝聖。

我們當然也入境隨俗跟著來去朝聖一下囉！裡面有漫畫裡知名情節的實景布置配上音效，還有真人大小的丁丁喔！我想丁丁迷來一定會瘋狂的。出口是讓意猶未盡的你血拼的丁丁紀念品店，真是超完整的行銷啊！

其實，修維尼堡除了丁丁之外，最大的特色是完美對稱的建築造型，灰藍色的屋頂、粉白色的外牆，透露著淡淡和諧優雅的古典主義風格。另外，在後院裡還馴養了上百隻的獵犬，每天下午五點的餵食秀也很出名。

1	4
2 3	5 6

1 左右對稱的構造。
2 有看過「丁丁歷險記」這部卡通嗎？男主角叫做丁丁。挺有意思的展覽，這是歐洲超有名的卡通，裡面陳列漫畫裡的實物及實景，很多小朋友都流連忘返！
3 獵犬。
4&6 我們住宿的古堡飯店。
5 古堡飯店的女主人。

置身古堡飯店的難得豪華經驗

羅亞爾河流域是著名的古堡區，至今能在此擁有古堡仍是世界各地富豪們的夢想。當然，住在這附近古堡的人也都是「好野人」囉！我們也在這裡住了兩晚的古堡飯店，而且還附了兩個正式的豪華法國餐唷！相當正式，主餐可是溫盤後才擺盤上菜，為我們服務的服務生也都會女士優先地送菜，

優雅的服務讓我還真會誤以為自己是古堡的主人呢！

　　我們住的古堡飯店，每個白窗都是房間的大窗戶喔！在這住兩天確實很有公主的感覺⋯⋯不過，房間內部無法與大家分享，因為──它跟畫家一起回法國了！只能跟大家說，房內有浪漫的玫瑰花床鋪、超大的三角形浴缸，但因為它位於樓梯下，我們懷疑我們住的並不是公主房，而是管家的房間，哈！

 ## 無福享受古堡高級法國餐

　　在這裡的第二天，我不知怎麼的渾身不對勁，先是MC提前將近兩個星期來報到，從來不會不舒服的我，竟然第一次不舒服，痛到會冒冷汗，好心的團員給我救命蘋果麵包（就是衛生棉啦），外加一顆「強效」止痛藥，吃下之後好了一陣子，但卻導致沒胃口，渾身沒力走在古堡的大道上就像快昏倒了一樣。在回飯店的車上，也許是從沒吃過止痛藥的關

係，胃開始絞痛就像抽筋一般，一回到飯店，馬上衝回房間狂吐。

豐盛的第二餐法國餐無緣享用，在床上昏睡一晚，好險有藥劑師好友提供的感冒藥，讓我安穩的昏睡，貼心的飯店還讓Anderson把主餐熱過帶回房間給我吃，我的心很溫暖，但實在是聞到味道就會不舒服，只好哀怨的望著美食，看我們家Anderson一口口地把它吃完（沒錯，你們沒聽錯！那一晚他吃了兩份主食，厲害吧）！

晚上昏睡時還夢到我眼前出現一大盤的水煮蛋呢！因為我一直想在早餐吃水煮蛋撒些許鹽巴，在德國和希臘天天都有，不知道為什麼法國都沒有（只有一天有，但我沒拿到就被拿光了，可能因為這樣，所以會夢到吧！哈）？很幸運的，隔天就像一條活龍了，這是再幸運不過了，因為接下來的行程我又可以好好享受，此時心裡不覺浮現一句話：「健康最重要！」

AB充電站　水土不服不用怕，有準備最重要

出門在外難免會有一些不適應的地方，舉凡飲食、天氣或環境的不適應，一定要在出門前準備好一些藥品，當然也要先了解當地的飲食習慣及氣候風俗等，這樣就能不怕萬一了。但是，如果真的遇到了不舒服的情況，也要趕快讓自己好起來，可別沉浸在不好的情緒裡，影響了一趟難得的旅遊喔！

```
1 | 2
  | 3 4 5
```

1 古堡飯店。
2~5 法國大餐的前菜、主餐、甜點。

凡爾賽宮

巴黎最耀眼的珍珠

 無緣進宮裡

　　如果說巴黎是一串由文化瑰寶的珍珠所串成的五彩繽紛巨型項鍊，那麼凡爾賽宮絕對

雖然宮殿內部沒開放，但
大片免費的後花園也值得了

是這條珠串中最耀眼的一顆珍珠，也最具歷史感和藝術美。

位於巴黎市郊西南部的凡爾賽宮，是我們拜訪中世紀法國的最後一站，也是前進巴黎的前哨站。來之前就對有著非凡魅力的旅遊勝地「凡爾賽宮」抱著極大的期待，因為無論在政治、文化意義上，或是在建築、園林藝術上，凡爾賽宮都是法國極具代表性的一個景點。

凡爾賽宮是十七世紀時號稱太陽皇帝的路易十四，傾法蘭西全國的財富20億法郎所建造，工程浩大；不只是由全法國各地運來大量泥土，填出這片原為沼澤的土地；為了蓋花園水池，還改變好幾條河的走向，並以抽水機從塞納河抽取河水；更是傾全國之建築師、畫家、雕刻家、園藝家及萬名工人聚集，日以繼夜拚命趕工，花了約五十年的時間建造這座世界最豪華的宮殿，但也因此爆發了法國大革命，終結了路易十六和瑪麗皇后的生命，以及法國的封建制度。

池邊的雕像。

　　就在我們興致勃勃地來到金碧輝煌的大門前，赫然發現幸運之神似乎不再眷顧我們！因為這天是「星期一」，是一周一次的休館日，真的很可惜不能進去皇宮內部，也無緣看到最近剛耗資上億元整修好的鏡廳。

　　本來心裡感到很遺憾的，不過輔導員說：「不是很多皇宮都有鏡廳嗎？而且因為今天凡爾賽宮休館，所以凡爾賽宮的花園免費開放。」想一想，也就沒那麼遺憾了！哈，真是容易哄的兩個人！

 ## 宮外一樣如詩如畫

　　宮殿後方，是如詩如畫的法式庭園，由皇家御用景觀建築師勒諾特所設計，原占地8,000公頃，經法國大革命破壞後僅剩815公頃。

　　雖然無緣進入皇宮，還是有讓我們逛不完的景色，因為凡爾賽宮除了宮殿招牌之外，

1 | 2 3
　| 4

1 這個長得像一層層結婚蛋糕的拉鐸娜（Latone）噴
　泉，是後花園裡最迷人的噴泉之一，視野奇佳，前
　可遙望大運河、後可眺望凡爾賽宮。
2 阿波羅噴泉是凡爾賽花園最壯觀的，代表阿波羅駕
　著馬車破海而出、橫渡汪洋，準備遨遊天際。
3 光看外圍的大門就覺得金碧輝煌，氣勢萬千了。
4 雕工精美的石柱。

宮殿後方是如詩如畫般的法式庭園，也很有看頭喔！法式庭園特色是幾何形步道、森林、雕像、運河、池塘、噴泉、花壇、柱廊等，以一種複雜又和諧的方式排列其中，像是綠意盎然的棋盤。據野史記載，上了斷頭台的瑪麗皇后和一位瑞典來的貴族曾在這遼闊的森林裡有過一段情，而且瑪麗皇后喜歡在此地假扮農婦，玩起角色扮演遊戲，樂此不疲。

　　往後方走去是全長約7公里的大運河，據說路易十四與貴族們經常在此乘船遊宴，或者沿著運河往樹林深處悠閒地散步。現代的我們則浪漫地坐在河邊休息，悠閒地吃著我們的甜點乾糧，吃著吃著覺得腳邊的河水怎麼好像有東西晃來晃去，往水裡一看，超級大的魚兒聞香而來，會不會太專業呀！在水裡竟然聞得到食物的味道喔？第一次覺得魚很恐怖，好像會跳上來搶我們的蛋糕一樣。

　　接著就換優雅的天鵝靠過來了，我開心地餵了一下，誰知道卻引來一大群天鵝，誰說數大便是美？根本是恐怖吧！而且天鵝脖子又長，竟然還企圖搶食物，最後要不到還生氣，整個很誇張。

中間圍成這樣該不會是在整修吧？

一望無際的綠色草坪和貫穿其中的運河，很適合租輛腳踏車在這裡閒晃，或是乘馬車、小火車繞園一周欣賞整個法式庭園之美。甚至沿著運河划個小船也是不錯的選擇。

1	
2	4
3	

1 寬景的阿波羅噴泉。
2 我喜歡這張運河畔的黑白照，一對情侶並肩坐在河畔，看著白天鵝悠遊其中。
3 很整齊吃冰的一群人。
4 藍天、白雲、綠地，在凡爾賽花園的運河邊放空是幸福的。

法國
Fun 帶著小精靈一起去旅行

凡爾賽宮開館時間

AC充電站 凡爾賽宮的開館參觀時間：10月到隔年4月為9:00～17:00；5～9月為
9:00～18:00，每週一不開放。

看向日葵看到警察來

結束一系列羅亞爾河城堡之旅，接著就要往多元豐富的巴黎前進啦！前往巴黎途中再度經過一整片的向日葵，因為進入巴黎之後要看到這樣一大片的向日葵就沒機會了，好心的司機也決定小違規一下暫停路邊，讓我們閃電式的拍照，基本上我們拍得很滿足，司機在車上卻坐立難安。因為沿途很多經過的車子一直狂按喇叭，抗議他違規停在路邊，大家一定跟我們想的一樣，給他去按啊！
這我們就太單純了，因為法國人浪漫的性格下也有堅持的一面，他們會雞婆的打電話給警察說有一輛遊覽車停在路邊，嚴重威脅到其他人的行車安全！然後沒多久警察就會出現給你開單，所以司機非常擔心，我們也很體諒，趕快上車，趕快離開這美麗的向日葵田（再次很幸運的，沒有人打電話給警察，我們也沒被警察攔下來開單）。

 ## 寬景的世界無限美麗

我很喜歡在旅行途中拍攝一系列的寬景相片和大家分享，因為這樣的寬幅比例呈現更容易延伸視覺的想像空間。而且一次把所有經典風景用寬景呈現分享出來，真的十分震撼！

寬景的相片要怎麼拍呢？在面對一個寬廣震撼的風景時，我是習慣由左而右一張接著一張重疊四分之一的拍180度，回來之後用寬景接圖軟體把它們接起來再裁剪，而時下有些相機已經內建寬景拍攝模式，一樣只要跟著相機指示由左而右拍，就馬上在相機內接圖完成。

如果你沒有這麼多充裕的時間一張張拍寬景圖再回來接圖的話，這裡分享一個我個人的小撇步，也是拍攝寬景相片最簡單的方式，就是換上超廣角鏡頭，先預想好這張回來後你想呈現的寬景部分在哪，把那主角放中間（減少變形）拍下去，再回來剪裁成寬景比例就成功了。

CHAPTER 6
浪漫的法國——巴黎

Bonjour France

巴黎的 *兩大明星*

　　這趟兩個星期的法國之旅，我們從南部的普羅旺斯一路北上玩到巴黎，如果問我們最迷戀的地方是哪裡，我們一定會毫不猶豫、異口同聲的回答：「巴黎。」

　　是的，我們終於來到法國行的最後一站——傳說中的巴黎！這個在電影裡、在書中經常出現的城市此刻就在我們的腳下，心情很興奮，當手摸在凱旋門、艾菲爾鐵塔及羅浮宮玻璃金字塔上時，感覺很不真實，就像站在梵谷畫作前的感覺一般，但又多了一份「真實」，因為我們摸得到傳說中的它們，卻摸不到傳說中的梵谷！這種感覺真的是「如人飲

水，冷暖自知」，心中又莫名悸動起來，若你有機會一定也要親自去感動一下。

　　巴黎就是有這種神奇的魔力，走在巴黎的街頭，你好像會不由自主的感染愛情電影中男女主角的浪漫情懷，看著你的另一半，突然覺得對方又更美、更帥了一點。

　　這一篇我們將帶大家一起來去看看號稱巴黎「F4」的四大經典代表建築——電影常客的艾菲爾鐵塔、拿破崙的凱旋門、達文西密碼的羅浮宮和鐘樓怪人的聖母院。各位觀眾，讓我們以熱烈的掌聲歡迎巴黎的兩大巨星——艾菲爾鐵塔和凱旋門出場！

艾菲爾鐵塔

我們靠在鐵塔上、走進鐵塔裡

　　終於，要來拜訪傳說中的「艾菲爾鐵塔」了！我們第一次接近艾菲爾鐵塔的方式是

貼在天空中的艾

搭地鐵，然後慢慢走向它，在有點近又不會太近的距離上第一眼看到鐵塔時，「哇，好大喔！」是我們異口同聲的第一個反應。它真的很大很大，跟電影裡的印象完全不同！

念美術的Claudia跟我說，以前讀書的時候，念到藝術史相關的一些建築史時，一定會提到艾菲爾鐵塔，因為它是偉大建築之一！甚至更小一點，高中時念到歷史，也一定會讀到艾菲爾鐵塔，因此當我們就站在它腳下時，真的感覺像作夢一樣，很不真實，心裡的激動筆墨難以形容，縱使大排長龍也一定要登上最頂端瞧瞧！

1	4 5
2 3	6

1 只有走一遭,才能站在正下方發掘欣賞這個全新角度的美感。

2 漸漸往上的景色,也漸漸感受到巴黎專屬的浪漫。

3 從Google Earth看地面排隊的人龍。

4 花團錦簇下的鐵塔,更顯婀娜多姿。

5 超廣角下的艾菲爾鐵塔或許很有氣勢,但還是要親自站在它面前才能感受它的偉大!

6 夕陽把我們的身影拉得好長。

近距離看鐵塔，像是穿了件美麗裙擺的女孩，連懸樑扶壁都是有造型的，上面刻了一些文字是七十二位法國科學家、工程師和其他知名人士的名字。這才發現它並不只是一座笨重的大鐵塔，每個細節其實都很精緻，也精緻地包覆著巴黎唯一的一幢高樓！

我們在傍晚時刻來拜訪鐵塔，從晚上七、八點開始排隊買票，因為法國緯度高，所以到九點半、十點才會天黑，因此當時就是如台灣三、四點的溫和午後，站在隊伍裡，看到不同光線下的艾菲爾。

當時夕陽把我們的身影拉得好長，站在鐵塔中央正下方仰望，這是我從未看過的艾菲爾鐵塔。那時的心情真的很震撼，感覺自己像是隻渺小的螞蟻抬頭仰望寬廣的天空，現在再看到當時的照片，心跳還是會不自主的加快。

看到地面上排隊的人龍沒有？沒錯，艾菲爾鐵塔總是這麼受歡迎！買了票之後，你就可以依序來到第一瞭望台、第二瞭望台，或是塔頂瞭望台。一輩子只會來一次的地方，當然是給它買可以上到鐵塔最頂端的票囉！

AC充電站　　艾菲爾鐵塔的小故事

1889年法國為了紀念法國革命百年慶，由橋樑工程師艾菲爾設計建造這座高300公尺、鋼骨外露的鐵塔。當時民風保守傳統又崇尚古典唯美的法國人，完全不能接受這一項剛硬的鐵塔矗立在他們引以為傲的巴黎市中心，引發相當大的反對聲浪，他們還說這個建築醜化並玷汙了巴黎的市容呢！如今回首看來，巴黎人當時所引以為怒的鐵塔，現在卻是引以為傲的建築，甚至是法國重要的觀光收入來源，所以對與錯的論定真的是沒有永恆！還有一個小秘密，美國的自由女神大家都很熟悉，而自由女神像裡的鋼骨結構和艾菲爾鐵塔是一模一樣的唷！法國在美國獨立時，請艾菲爾設計了自由女神像，當成祝賀美國獨立的禮物呢！

鐵塔的第二層

雖然整個登頂過程是一場漫長的等待，但等待是值得的！從鐵塔上看出去的風景果然很美麗，從第二層拍第一層的景致可以看到剛拜訪過的巴黎著名景點，站在第二層往上拍的艾菲爾鐵塔色溫又是另一種視覺震撼。

好不容易搭乘電梯上到第二層時，天色已經是黃昏，高塔上強風陣陣，嗯……真的超冷！Claudia拿出圍巾包成「阿女」

阿女造型，就是包頭的造型啦！

```
1 3
2 4
  5
```

1 色溫下的艾菲爾鐵塔。
2 亮起閃閃白光的艾菲爾鐵塔。
3 站在第二層往上拍的艾菲爾鐵塔色溫。
4 轉動電梯的巨輪。
5 從鐵塔看巴黎著名景點。

（註：阿拉伯女郎）造型，一邊排著上頂層的隊伍、
一邊欣賞黃昏下的巴黎，這時已經是九點多了，高塔
打出黃光，我們就站在它的身上。當我們即將排到上
三樓電梯時，突然白光閃閃，全塔頓時響起歡呼聲，
原來已經十點了，十點整座鐵塔會打出閃閃白燈，讓
遠方能清晰的看到這燦爛奪目的巴黎之眼。

色溫下的巴黎夜景美得讓人心醉。

鐵塔的第三層

　　接下來就要上到最頂層囉！上到第三層時，天色已經完全暗下來，這裡為了安全，圍
起一整圈穩固的鐵網，酷的是，它完全開放式喔！可想而知——冷到爆！但當我們站在它
的頭頂上時，俯瞰整個巴黎夜景，令人炫目的夜景讓我們把寒冷拋諸腦後，整個人陷入這
閃爍的美景中。

　　從最頂層外面看出去的巴黎夜景，此刻，說什麼都是多餘的了。那感覺，和千辛萬苦
登上奇萊南峰看到第一道日出時的激動有點像，不過在鐵塔上少了一點肌肉酸痛的苦楚，

多了一點美夢成真的浪漫。入夜後，在整點時，鐵塔上的白色燈光會像星星般開始閃爍，我們又是一陣尖叫！

對我們而言，好像終於見到、摸到傳說中的偉大建築一般，這座一直在耳邊、在書中、在電影裡、在CD封面上、在物品的圖像中出現的艾菲爾鐵塔，竟然實實在在的出現在我們眼前，而我們也和它親密的緊靠在一起，在寒冷的低溫下，倚在它的身旁，摸到的雖是它冰冷的塔身，但我們心裡卻是滿滿的感動和真實。

夜晚的巴黎，是會令人迷惑的。告別鐵塔前，感性的Claudia又再一次摸著艾菲爾鐵塔的骨架，滿足的轉過頭跟我說：「我摸到艾菲爾鐵塔的頭耶！」

凱旋門　眺望巴黎街景

真正站在凱旋門前抬頭仰望，才會發現印象中的凱旋門竟是如此巨大，想登頂眺望巴黎，除了要繳「過路費」之外，還得靠你的雙腳一步步地爬迴旋梯上去。因為要上凱旋門頂端，雖然有搭電梯和爬石梯兩種方式，但走到電梯門口，熊熊一個「殘障標誌」出現在眼前，我想：除非打斷一條腿才能搭吧！

這迴旋梯共有兩百七十三階，聽起來好像還好，但實際在這密閉空間轉圈圈，爬起來也真夠讓人氣喘吁吁外加天旋地轉的了！不過透過相機看整個迴旋梯的幾何圖形，其實還滿有美感的！

從凱旋門看巴黎——新凱旋門。

爬完兩百七十三階後會先來到一個小歷史博物館，裡面有拿破崙生平事蹟圖片和法國各種勳章，以及凱旋門的一些歷史文物。

我們氣喘吁吁的爬上凱旋門，登上頂端時，手摸在凱旋門的頭頂、腳也踩在凱旋門的頭頂，加上微風陣陣吹拂在臉上，有種辛苦過後嘗到豐收果實的滿足感！登上凱旋門，可以清楚看到巴黎市中心是以凱旋門為圓心向外放射出十二道光芒般的道路，而且每個巴黎

 AC充電站

拿破崙與凱旋門

　　說到凱旋門就一定要知道一下它的故事，這樣你從它的牆門下穿越時才會比較有感覺，也比較能內行的欣賞一點浮雕門道。凱旋門的興建是當初拿破崙為了打勝仗凱旋回國時，法國將士能從這裡通過接受民眾歡迎，所以下令蓋了這座歐洲目前一百多個凱旋門中最大的一個，但人算不如天算，在還沒蓋好時就慘遭滑鐵盧之役。

　　更諷刺的是，這座高50公尺的拱門，耗時三十年建造，終於在1836年完工，拿破崙和他的軍隊如願在1840年第一次通過了凱旋門，然而卻是戰敗的隊伍護送拿破崙的遺體鎩羽而歸……。

　　在凱旋門兩面門塔的牆面上，有四組以戰爭為題材的大型浮雕也很有看頭喔！分別是──「出征」、「勝利」、「和平」和「抵抗」。

的著名建築物都可以在這裡一覽無遺！

　　在這裡眺望巴黎市街景，有一股神奇的浪漫氣氛流竄著，情人間的「巴黎之吻」就在我們身邊熱鬧的上演著。二話不說，換上小小白來捕捉一下。輸人不輸陣，看著身邊親來親去的外國情侶，我和Claudia再也忍不住了，也決定來給它——拍張甜蜜蜜的合照，呵呵。

當年我們夢裡的凱旋門

法國凱旋門和香榭大道可以說是繼艾菲爾鐵塔後，兩個法國的象徵。我心裡總對香榭大道有著相當時尚的印象，而在電影中也不難看見凱旋門及香榭大道的身影。記得大學時代有個夢想就是希望能環遊世界，當年畫下了心裡的夢想，我們兩個小呆瓜，蹲在看流星雨的小山坡上，期待每一顆流星的下墜，其中一個願望就是能到法國凱旋門去，如今心想事成、美夢成真，可以說是當年所想不到的幸福，而當下亦有說不出的感恩啊！

小插播

有了相連的夢。

| 1 | 4 |
| 23 | 5 |

1 高50公尺、寬45公尺的凱旋門，真的好巨大！
2 從凱旋門看巴黎——艾菲爾鐵塔。
3 凱旋門內牆上刻的是跟隨拿破崙遠征的將軍姓名和戰役名稱。
4 迴旋梯的幾何圖形。
5 情人間浪漫的「巴黎之吻」。

香榭大道下體驗巴黎的時尚

LOUIS VUITTON旗艦店

　　到了凱旋門意思就是到了香榭大道啦！到了這個世界聞名的精品大道，怎有不逛不買的道理呢？下了凱旋門，馬上卸下氣質欣賞歷史的一面，換上時尚購物的摩登面貌，往LOUIS VUITTON旗艦店前進，壯觀啊！奢華啊！雖然沒有台中旗艦店的特殊裝潢，但它的不凡仍是無法擋，店員們沒有想像中的驕傲，服務非常客氣且周到。

1 2
3 4

1 旗艦店的闊氣。
2 倒映香榭大道街景的LV櫥窗。
3 熱鬧非凡的香榭大道。
4 這不是台北101，這是LV門牌號碼
　——香榭大道101號。

當我在櫃台緊張流汗的時候（因為第一次走進傳說中的LOUIS VUITTON），旁邊站了一位阿女，她以1分鐘不到的時間已經買了一個包，接著還想再挑，此時，聽她緩緩的從口中對店員說：「I want to sit！」店員楞了一下：「OK！ Please come with me！」她就消失在上二樓的電梯裡了！我呢？雖然也很想說：「I want to sit！」不過，我想我們家Anderson應該會接著說：「I want to die！」哈哈。

這就是阿拉伯女生包到剩下腳的造型。

小精靈奇遇記之阿拉伯人氣派豪語

其實來到巴黎，看到最敢買、也買最多的是包得密不透風的阿拉伯女人，她們總是滿手的名牌紙袋，買到還有私人保鑣護送她們上私人轎車，整個很誇張！後來想想，他們包成這樣，幹嘛還要買名牌，又不好看。但重點來了，就是因為包成這樣，所以「包」很重要！哈哈哈，有道理吧！只有包包不會被包到啊！

從街拍看浪漫巴黎

巴黎，真的是一座超級適合「街拍」的城市，其中浪漫的元素更讓鏡頭頻頻有賺到的感覺！「街拍」簡單的說，就是拎著相機在街道上沒有特定目的邊走邊拍，很簡單也很好玩！

一般在市集或熱鬧擁擠的地方街拍時，我會用廣角約17～24mm左右的鏡頭，光圈小縮一點在6.3左右，ISO切Auto ISO，手動對焦在約1公尺的地方。手動對焦這點很重要，一來這樣的光圈搭配焦距會有比較大的泛焦清晰範圍，二來用手動對焦才不會在關鍵時刻因為自動對焦對不到快門按不下去，而讓稍縱即逝的畫面跑掉。比如說，走過香榭大道超大咖啡杯牆的情侶。

如果是在比較空曠的地方，為了保持主體的比例和抓住決定性的瞬間，我會用中長段焦距鏡頭來拍比較不會打擾到他人，例如相吻的巴黎戀人。

街拍和拍風景照是截然不同的攝影感覺，街拍像是隨性不羈的多情詩人，手上拎杯咖啡就漫步在街頭，沒有預設目標今天會遇到什麼新鮮事來激發靈感，有拍到是賺到，沒拍到也不會若有所失。

拉法葉百貨

到了拉法葉百貨，內部如宮殿般華麗壯觀，每年7、8月適逢歐洲年中慶，總能在這裡找到打很低折數的超級好貨。如果崇尚一些稀有高檔品牌的血拼女王們，可以先作好功課，在這個時候好好的採買一番，一定會讓你行李箱滿滿的回家。

再度光臨LOUIS VUITTON，在此不同於旗艦店，想要購買的顧客就要排隊，讓店員一一為你服務，這裡是不能拍照的，臨走前Anderson在店門外警衛面前幫我拍照，警衛立刻上前說：「No photo！」我們就很抱歉的說：「Sorry！」沒想到他要我們在他面前把相片刪掉呢！

其實他們是不給客人拍攝陳列商品，因為太多人想模仿他們的包包款式了，所以這樣的措施也是對的，但沒想到連在門口拍照也不行，這對我們想做紀念的遊客來說，難免有點失望囉！

說真的，我個人熱愛的品牌是COACH，一直都對LV沒感覺，也覺得比較成熟，本來這一趟到法國是沒打算要買的，結果我的好友跟我說：「你到法國不買LV，就像到鼎王不吃火鍋一樣！」還有一個好友說：「到法國就是要買LV，不然就是阿呆！」什麼？真的假的？這麼嚴重！

因此，一到法國旗艦店，就進去好好的挑了兩個包包囉！一個給我的阿母、一個給自己，這樣還可以互相交換拿一下。說真的，拿在手上細細看，真品確實很精緻，拿起來很有感覺，打破我對它的迷思，我一直認為LV太容易被模仿，所以不喜歡，但現在我覺得真的拿過LV，就會知道仿的實在差很多！

所以囉！我有了第一個LV包包。

我是Claudia的
第一個LV。

AC充電站　　什麼時候來搶便宜？

　　每年的7、8月是歐洲的年中慶，會有很漂亮的價錢喔！用具體一點的舉例就是，可以買到約含台幣1,500元的施華洛士奇雙戒，還有打6折的Chloe包包，再加上退稅後，荷包真的省了不少。

1 | 2 4
    3 5

1 壯觀的拉法葉百貨。
2&3 華麗的內部，乍看之下以為來到了皇宮。
4 和台灣的百貨賣場其實有點像。
5 百貨一般都位於塞納河右岸。

巴黎的 *天使與惡魔*

 ## 協和廣場　在法國遇見埃及

　　歷經各大美術館的氣質路線之後，一定要看看巴黎各具歷史意義的廣場，這個協和廣場的高聳方尖石碑，你我一定都以為是法國的遺跡對吧？嘿嘿，我們都錯了！這可是從埃及的盧克索神殿「運來」的（客氣的說法是這樣，直接的說法就是「搶來的啦」），此處

正好位於羅浮宮和凱旋門之間的直線上，是巴黎最著名的景觀之一。

　　在法國革命後的1792年，設置斷頭台在廣場上，並更名為革命廣場，當時很多人在此被處死，將近有一千三百多人在這裡被送上斷頭台喔！處刑一直持續到1795年，之後才更名為「Concorde」就是融合的意思。

聖母院　鐘樓怪人的家

　　聖母院為著名小說「鐘樓怪人」主角住的地方，故事裡的背景就是這裡啦！真的是非常富麗堂皇，無論是外面或裡面都令我們驚嘆不已，最著名的就是教堂裡面左右兩側有美麗的玫瑰窗，從裡面看出去，透過彩繪鑲嵌玻璃的藝術，就如繁複的玫瑰般吸引人。

　　我們本來要爬到教堂的頂端去，看看鐘樓怪人望向巴黎的窗口，以及邪惡的惡魔雕

順光下的協和廣場噴泉。

像，沒想到等我們趕到售票口，才五點半喔！竟然跟我們說：「Finish！」又是一個小遺憾，遺憾沒能在開放時間內登上聖母院的鐘樓，一睹鐘樓怪人書中那幅以噴火獸為前景遠眺巴黎市景的經典畫面，只能在地面，用小小白鏡頭觀看頂樓的惡魔囉！總是留下這麼多的小遺憾，看來——將來到巴黎的機會又增加了！

聖母院內彩繪玻璃上的眾神，不知是否有聽到我的禱告？神啊，請再給我多一點時間待在巴黎吧！

教堂上的惡魔，這些建築雕塑實在令人嘖嘖稱奇，過了多少世紀，經歷戰爭、風吹日曬雨淋，竟然還是如此精緻細膩，只能說——佩服啊！而且除了做這些裝飾之外，也運用了人類的智慧，結合實用性，左下角的那個惡魔頭就是排水孔。圍繞教堂四周布滿了這些雕刻精細的排水孔，真是非常雄偉又不失細膩的建築。

另外，不可不知聖母院的建築驕傲——飛扶壁，這座聖母院最令人嘖嘖稱奇的就是教堂背面的「飛扶壁」，騰空的骨架撐起這座雄偉莊嚴的建築，主要目的是要讓教堂裡的每一面玻璃都能夠透光，為了達到這個目的，人類又再度發揮驚人的智慧，創造了飛扶壁的技巧，真是美觀實用兼具。

```
        2 3
        4
1       5
```

1 美麗的玫瑰窗。
2 聖母院。
3 教堂上的惡魔，其實是排水孔喔！
4 上頂樓售票口的看板，也是無緣的經典畫面。
5 飛扶壁。

蒙馬特山丘　感受巴黎氛圍

聖心堂

聖心堂，可是蒙馬特山丘最著名的一個景點，這裡也是俯瞰整個巴黎的最佳地點，是一座為了紀念普法戰爭失敗所犧牲的巴黎士兵及市民們，花了四十年才建造完成的羅馬‧拜占廷式教堂。

當我們來到這裡的時候已經接近晚上，廣場階梯上坐滿了人群，有一對對的情侶，也有一群群的年輕人，還有彈著吉他為大家

1 2
3

1 聖心堂。
2 從聖心堂俯瞰巴黎的夕陽，浪漫到破表！
3 浪漫的聖心堂階梯。

配樂的街頭藝人，大家都想在這純淨的白色建築前欣賞那粉橙的落日。

蒙馬特市集

　　這裡有古色古香的街景市集，是蘊藏許多藝術家的藝術之地，兩三步就有位畫家在寫生，畫家們夾雜在喧鬧的人群中，有一種動靜交錯的奇異搭配。我也不忘細細的欣賞每一位畫家的創作，他們大多以寫生為主，素材以油畫居多，所畫出來的風格也不同於我在安錫所見的作品，這裡的畫風有著都市的緊湊感，色彩也相當豐富，從畫作中可以感受到巴黎的多元及熱情呢！

1 2
3 4

1 琳琅滿目的小物。
2 處處可見美食老店。
3&4 小路上一座座畫架比鄰而立。

AC充電站　　出門在外要小心陌生人的搭訕和美言

　　在這裡觀光客眾多，特別要注意黑人的攀談，因為有一位伙伴在走往聖心堂廣場的時候，途中一位黑人上前攀談，並微笑著將一個如幸運手環的編織物套到她的手腕上，還打了結喔！不斷地稱讚她笑起來很美，這手環很適合她。當她說：「我不需要。」黑人馬上變臉說：「手環已經拆不下來，而且你載過了，你要給我10美金！」經過大家一起幫她討價還價，才以半價成交。

巴黎的 藝術饗宴

 巴黎一號藝術餐：羅浮宮

　　搭啦──終於到了電影「達文西密碼」裡的玻璃金字塔囉！這座由建築名師貝聿銘設計的玻璃金字塔（新竹南寮的焚化爐也是他設計的喔！不過聽起來fu差很多），也是世界級響叮噹的建築奇景。羅浮宮的入口就是從金字塔走下去，整個地下一樓充滿陽光與玻璃的

協調搭配，很有現代藝術的感受。

這裡館藏好幾十萬件，展出的僅幾萬件作品，真的是目不暇給，我們在此花了5小時，將幾幅重點名作細細端詳之後，其他真的就只能走馬看花了！

羅浮宮第一寶：蒙娜麗莎

這一幅小小的作品，竟是羅浮宮最大的吸票機！我們花了將近5～10分鐘擠上前觀看，人潮圍成一個大半圓，非常驚人！其實到羅浮宮根本不用擔心找不到這幅名作，因為──跟著人潮走就對了，特別是會有世界各地的導遊，拿著旗子努力揮舞著，各團的導遊就像在競走比賽一樣，快步帶著團員向前衝，好像蒙娜麗莎會發紀念品給第一名的團體一樣，非常有趣。

其實我已經是站在最靠近它的地方了，再接近就圍起來了，畫的外面圍了至少三層的防彈玻璃吧！足以知道這鎮宮之寶的名貴！不要看我好像跟它拍獨照一樣，那是我們家Anderson太強了，鏡頭躲過我旁邊如沙丁魚般的一大圈人群呢！這樣好像粉絲搶著跟偶像拍照，不像在欣賞名畫了……

1 2
1 3

1 羅浮宮和玻璃金字塔。
2 金字塔右側的開口就是入口。
3 大家都擠著要一睹蒙娜麗莎的風采。

 **巴黎博物館卡（Paris Museum Pass）**

　　巴黎是藝術之都，在這裡有許許多多的博物館，當然最著名的就是羅浮宮、奧塞美術館囉！要節省參觀的時間，可以事先購買「博物館通行證」。
博物館通行證：
有效時間：2天、4天、6天。
所需價錢：30歐元。

羅浮宮第二寶：米羅的維納斯

這也是聚集人潮的所在地，能親眼目睹世界上比例最完美的女人，是很開心的！到現在仍然無人能知道維納斯的手部動作是怎麼擺的，這就是藝術家厲害的地方嗎？

說真的，能將堅硬的石頭雕刻出飄逸柔軟的衣擺，除了要對材質熟悉之外，還要有精湛的手藝，又是一個令人佩服的天才！

1 3   1&2 完美比例的維納斯。
2 4   3&4 高高在上的勝利女神。

羅浮宮第三寶：勝利女神

看她站在船頭迎向勝利的姿勢，裙擺隨風向後飄逸，雖然失去了頭顱的部分，但仍然能從身體的姿勢感受到她迎向勝利般歡欣自信的表情，彷彿這艘船正在航行一般，人民正在港口搖著國旗，歡呼著等待迎接勝利呢！

博物館拍照二三事

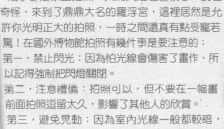

還沒出國前，每次在國內知名展覽看展覽，不管大大小小規模，幾乎都是禁止拍照，久而久之也習慣了。說也奇怪，來到了鼎鼎大名的羅浮宮，這裡居然是允許你光明正大的拍照，一時之間還真有點受寵若驚！在國外博物館拍照有幾件事是要注意的：

第一，禁止閃光：因為怕光線會傷害了畫作，所以記得強制把閃燈關閉。

第二，注意禮儀：拍照可以，但不要在一幅畫前面拍照逗留太久，影響了其他人的欣賞。

第三，避免晃動：因為室內光線一般都較暗，記得把光圈開大、ISO感光度拉高、防手震開啟，以拍出清晰的相片為最高原則，也要注意一下色溫的問題，適時調整一下，不然人家是喝到「走味的咖啡」，你是拍出「走色的畫作」。

想想，能在世界級的經典名畫前面合照，是一件多令人興奮的事啊！

 # 巴黎二號藝術餐：奧塞美術館

奧塞美術館位在塞納河的左岸，沒錯！就是左岸咖啡的左岸，好浪漫的地方喔！這裡以前是火車站，所以有一個大大的鐘在館內，在1970年改建為美術館，裡頭收藏了許多印象派大師的作品，稱得上是印象派的殿堂呢！

令我心跳加速的地方

這是我最喜歡的巴黎二號餐，因為裡頭的繪畫讓我感覺比較有生命，如雷諾瓦、莫內

1 ｜ 4 5
2 3

1 奧塞美術館。
2 大鐘與人的強烈對比。
3 奧塞美術館裡的大鐘。
4 門口排隊買票的人潮。
5 和梵谷的「教堂」真跡合照。

這些追逐光影的印象派作品，或是現代藝術大師塞尚的作品，相較於羅浮宮以皇室或宗教為主題的古典畫派，我更懂得如何欣賞和喜歡。

　　奧塞美術館是我最愛的地方，因為我個人喜歡畫家的畫作都收藏在此，無論是梵谷、雷諾瓦、塞尚、莫內、畢卡索等，不少真跡都在這裡，像梵谷的「教堂」幾年前曾經拿來幫學生上過課，沒想到它的原色是那麼鮮明、筆觸是那麼有活力，站在它前面近看，拉遠再看，我的心跳很快，真的是被感動到，非常有感覺……又是一個筆墨難以形容！

　　在這裡看到一些印象派大師的作品，捕捉到普羅旺斯的陽光及雲朵，只要幾點油彩就能把人的動態表現得淋漓盡致，我只能說──難怪是大師級畫家，也難怪他們的畫能永垂不朽！在這裡花了4小時，還是無法把全館逛完，只參觀了部分的平面作品，雕塑作品完全沒能細細品味。

1.5歐元的票價，無價的感動

　　我們很幸運的剛好遇到一個特展，雖然要額外花1.5歐元，我們二話不說買了票就往內走去。除了見到畢卡索的特展和塞尚的「打橋牌的人」之外，我見到了令人感動不已的作品──梵谷的「隆河的星空」。這幅畫作尺寸出乎我的意料，小小的，不過在展場刻意營造的光線襯托下，我見到梵谷那濃厚、粗獷的筆觸，層層堆疊在畫布上，那夜晚裡的藍及空中閃爍的星星，映在隆河的波光上，我好像被施了魔法一樣，站在那裡久久無法移動，心裡非常悸動。此畫作可以感受到梵谷用他的生命及熱情，畫下每一個震撼的筆觸，感覺這畫好像是才剛剛完成的一樣，還熱騰騰的，我竟然內心感動不已，進而熱淚盈眶，這種情緒來得突然，連我自己都對這淚水和心跳吃了一驚。

站在他的畫作前，才深深了解，梵谷能感動人的原因，真是不得不佩服他的創作功力和那股對藝術的執著與熱情。

 ## 巴黎三號藝術餐：龐畢度藝術文化中心

龐畢度藝術文化中心是由已故法國總統龐畢度倡導，以現代藝術的創造為主題。它的造型非常特別，我們一走近也是嚇了一大跳，整棟建築就是一個透明的建築物，可以看見所有的建築鋼骨架構，另外還有透明管狀的電扶梯，突出建築物外的風管和水管等，非常突兀特別。

我們在廣場席地而坐，一旁有許多年輕人悠閒坐著，還有幾位表演藝術者演奏著樂器，一旁也有許多藝廊，這裡彷彿一個藝術廣場，讓大家在此接受現代藝術的洗禮，附近還有許多可愛造型及鮮豔色彩的公共裝置藝術，也是親子活動的絕佳場所，更是小孩子從小由生活中體驗藝術的好機會。

我們看著這座特殊的現代建築，腦海裡浮現奧塞美術館的華麗建築，如此強烈的對比是藝術的解構，人們開始追求一種概念，而不是所謂的真實和華麗，所以，現代藝術也是越來越多元，也越來越沒有什麼所謂的奇怪了。有機會一定要來感受一下，非常不同的現代藝術喔！

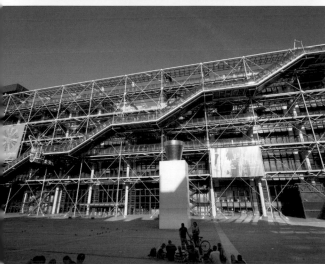

	3 5
	4 6
1 2	7

1&3 突出建築物外的風管和水管。
2 畫到一半的遊客素描。
4 鋼骨架構的龐畢度藝術文化中心。
5 一旁還有裝置藝術的噴水池可供休憩。
6~7 廣場旁悠閒浪漫的人們。

巴黎的 *浪漫*

 ## 亞歷山大橋　巴黎最美的一座橋

　　來巴黎，一座座沿著塞納河而建的橋，也是值得你細細品味的地方。在塞納河遊船的過程中，我們更親近巴黎一座座各具特色的橋，同時也深刻感受它們所串起的都市情感，像這座雕花鏤空精美的橋，串起了左岸和右岸，也串起了許多情人的浪漫回憶。

這座號稱巴黎最美麗的亞歷山大橋，是多年前的知名喜餅廣告「伊莎貝爾，我們結婚吧！」的拍攝地點。橋上的每一個雕塑都值得你停下腳步細細品味。

真的是很美的一座橋！還沒結婚的情侶來這裡時，不妨也可以搞個浪漫求婚記喔！

遊塞納河　一場流動的饗宴

告別法國，告別巴黎，最好的方法就是在傍晚來趟塞納河遊船之旅，把屬於巴黎左岸、右岸的經典景點一一重新複習回味，把屬於法國的藍天、夕陽、色溫和夜景在你腦海中再流動過一遍，然後帶著滿滿的感動和不捨向巴黎道聲晚安，道聲再見。

夏日的巴黎夜來得很晚，常常都要玩到八、九點才會遇見夕陽西下的餘暉，這時候最適合搭船遊塞納河。因為這個時間剛好可以看到巴黎的黃昏、晚霞、色溫及夜景，此時不遊，更待何時呢？快步走向塞納河畔的碼頭，一看時間，呵呵，算得真準，傍晚8:40的船即將開囉！我們剛好趕到，幸運之神真是眷顧我們，因為一錯過這班就要坐10:30的，那就真的是空留遺憾了。

坐在船上，趕船班的腳又可以放鬆一下。船開了！塞納河的微風輕拂過臉龐，西堤島上的美景一一滑過我們眼前，眼神不禁迷濛起來，這是

2	
3	1~3 巴黎最美麗的亞歷山大橋。
1	4
	4 橋上我們戲稱為「海王子」的雕像。

多麼浪漫、多麼令人醉心的一刻呀！

看著夕陽漸漸沉下，有人在夕陽剪影的橋上喝著美酒，欣賞塞納河的落日餘暉，只能說——巴黎人真的很懂得把生命浪費在美好的事物上。而在夕陽西下的反方向，則正上演著色溫和彩霞之美，把艾菲爾鐵塔襯托得更加迷人了。在巴黎這樣一個浪漫的城市裡，我看見許多遊客開朗的笑著，橋上的人們會熱情的和遊船上的遊客揮手打招呼，一片和樂融融的樣子，感覺很溫馨。

美麗的夜晚輕輕降臨，迷濛的剪影、昏黃的光線、透藍的色溫，為多樣的巴黎增添一份嫵媚！遠方的艾菲爾鐵塔再度閃起十點的白光，將我們拉回現實，船也即將靠岸了，巨塔就聳立在眼前，鏡頭已經快裝不下……此時還是把這巨塔的嫵媚留在眼底、印在腦海裡吧！

我們只能說，有機會請你一定要親身來一趟，感受這裡的美麗與浪漫，因為——

「如果你夠幸運，在年輕時待過巴黎，那麼巴黎將永遠跟著你，因為巴黎是一場流動的饗宴。」海明威是這樣說的。

「如果你夠幸運，在年輕時Fun過法國，那麼法國將永遠戀著你，因為法國是一位熱情的戀人。」A&C如是說。

別了——巨塔！

我們會再回來的！幾世紀的屹立不搖，你真是不簡單！

別了——巴黎！

我們會再回來的！如寬廣的胸懷一般，包容多樣化的藝術與人種，你真是了不起！

別了——法國！

我們會再回來的！讓我們如此沉醉、這般難忘，你真是Bien——Tres Bien！

註解：
Bien——Tres Bien！意指「棒——太棒了！」

塞納河的船班

巴黎遊船公司（Bateaux Parisiens），在河畔都能見到喔！

可以到巴黎時，先來河畔確定好船班，再去輕鬆的遊玩，時間到時才來遊塞納河。夏季時建議搭乘八點多的船，剛好可以欣賞傍晚的色溫美景，並且一覽巴黎的浪漫夕陽景色。

1
2
3 5
4 6

1 夕陽色溫下的艾菲爾鐵塔。
2&6 夕陽餘暉下的美麗剪影。
3 夕陽下金黃色的奧塞美術館。
4&5 橋上、河邊浪漫的戀人。

附錄
推薦收藏的紀念品

珍藏普羅旺斯的迷人小物

在純樸的普羅旺斯，總會不經意的遇上市集，而市集裡會有許多當地居民的生活縮影。我們在這裡就遇到許多的婆婆媽媽們，手提著超大藤編提包來採買生活用品，當然有各式各樣的藤編包攤販，有原色的、有染成鮮豔顏色的各種造型，價位也算是便宜，差不多300～400台幣，因為很有率性的法國風格，好看又好裝，帶一個回來也相當實用。

另外有一些藝術攤販，例如：雕刻肥皂、手工編造的新鮮薰衣草天然香包，以及天然蜜蠟蠟筆。這些充滿南法風情的天然純樸小物，真的很適合帶回來送給好友，非常有當地特色。我就把手工雕刻肥皂帶回來送給我的英文老師，奧地利人的他，一整個非常開心呢！

有時候會在路旁的小店家看到顏色豔麗的桌巾或衣裳，豔黃配上豔藍是道地的南法風情，如果家裡是走鄉村風的裝潢，非常建議買一些回來妝點一下，家裡會更有鄉村氛圍唷！

特別的紀念
紀念幣

在歐洲，一些著名的景點，都會販賣景點專屬的紀念幣，我們每次一定都會收集，有的是直接賣紀念幣，有的是讓你投2歐元硬幣進去，自己動手轉一轉，你的硬幣就會被

壓成橢圓形，當然上面就會浮現一個特殊的圖案。我們覺得這是最經濟實惠的旅行紀念。

明信片

當然，買張明信片是一定要的，我們每次的旅行一定會從當地各個景點寄明信片給台灣的自己，這樣除了可以收藏當地特殊的郵戳及郵票之外，回家後收到來自法國的明信片，也別有一番趣味。

收藏梵谷

都已經到這裡了，當然一定要帶一些梵谷的記憶回家。梵谷紀念館裡有許多商品，讓我愛不釋手，帶幾個實用的商品回家，也是另一種收藏梵谷的方式。雖然在國內展覽時也會有相關商品可以購買，不過，從法國買回去又有不一樣的感覺喔！

收藏巴黎

巴黎這個彷彿謎樣般女人的城市，總是讓人忍不住多停留，也希望在離開時能帶走一些東西，表示我們曾經和她相遇過。巴黎街頭有非常多的紀念品商家，如賣紀念T恤、設計獨特的馬克杯、水晶球……等。為求攜帶方便，T恤是個非常

1	5	7
2	6	8
3		9
4		10

1 非常實用又好看的編織包。
2 鮮豔的普羅旺斯風桌巾。
3 顏色優雅且手工精緻的雕刻肥皂。
4 帶回這個吸引我的葡萄酒地圖，淡淡的顏色和一些可愛的插圖，讓我非常喜歡。
5 這些是我們收集回來的紀念幣，每一個圖案都值得細細回味。
6 寄這種特別的明信片，是為了犒賞郵差先生吧！
7 直接跟店家買紀念幣，每個景點會有不同的圖案喔！
8 各種梵谷風紀念品。
9 特殊的多彩色鉛筆，Claudia忍不住買一枝沿路塗塗抹抹。
10 迷你可愛的巴黎鐵塔鑰匙圈。

好的選擇，還有各種尺寸的巴黎鐵塔，也是帶回家送給朋友的好禮物。

真的鐵塔抱不走，我們就多買一些小的鐵塔抱回家，而且又是實用的鑰匙圈，帶回家給親朋好友，大家都非常喜歡。因為喜歡收藏馬克杯，買個印在馬克杯裡的鐵塔，至少每次用它喝咖啡時，可以讓我們擁有左岸的浪漫心情。不過，悲慘的是，其中一個杯子在行李箱運送的途中被摔破了，唉……超難過的！或許這又多了個再去一趟巴黎的理由吧？

AC獨家收藏
磁鐵

我們每次的旅行都會固定收集各景點的磁鐵。我們有一張世界地圖，每次旅行回家就會把磁鐵吸在我們到過的地方，每次心煩時，總會看一看這些美麗的磁鐵，就會有舊地重遊感覺，心情自然好了起來。

STARBUCKS CITY MUG

星巴克的城市馬克杯，只有在當地才會有當地獨有的杯

子，收集這些杯子回家，每次我們在家喝咖啡總會換換城市，問問對方今天想在哪喝咖啡，想像自己在那個城市喝著香醇的咖啡，這也是我們鍾愛的一件事。

各國紀念別針

各國紀念別針是Anderson個人最鍾愛的收藏，因為把不同國家的別針別在背包上，一邊旅行，一邊收集各國別針，對他來說有一種足跡踏遍各國的感覺。

酒瓶軟木塞

獨家酒塞，我們也會把旅行當時在當地喝的酒塞留下來，標上日期表示一種獨特的紀念。

1		6
2		7
3		8
4 5		9 10 11

1 各式各樣的紀念T恤。
2&3 各式各樣的馬克杯，我們忍不住挑了兩個回家。
4&6~7把美術館也帶回家了。
5 荷蘭親親小情侶。
8 造型特別的磁鐵及酒塞。
9 Anderson背包上的各國紀念別針。
10 葡萄酒地圖。
11 貓咪雜貨。

國家圖書館出版品預行編目資料

Fun法國——帶著小精靈一起去旅行／Anderson、
Claudia 圖文‧攝影.--初版.-- 臺北市：華成
圖書, 2012.01
　　面 ；　 公分. --（自主行系列；B6117）

　 ISBN 978-986-192-127-3（平裝）

　 1.旅遊　2.法國

742.89　　　　　　　　　　　　100022483

自主行系列　　B6117

Fun法國 帶著小精靈一起去旅行

作　　者／Anderson、Claudia

出版發行／ 華杏出版機構

　　　　　華成圖書出版股份有限公司
　　　　　www.farreaching.com.tw
　　　　　台北市10059新生南路一段50-2號7樓
　　　　　戶　　名　華成圖書出版股份有限公司
　　　　　郵政劃撥　19590886
　　　　　e-mail　huacheng@farseeing.com.tw
　　　　　電　　話　02 23921167
　　　　　傳　　真　02 23225455
　　　　　華杏網址　www.farseeing.com.tw
　　　　　e-mail　fars@ms6.hinet.net
　　　　　華成創辦人　　郭麗群
　　　　　發 行 人　　蕭聿雯
　　　　　總 經 理　　熊芸
　　　　　法律顧問　　蕭雄淋‧陳淑貞

　　　　　主　　編　　洪文慶
　　　　　企劃編輯　　俞天鈞
　　　　　執行編輯　　張靜怡
　　　　　美術設計　　謝昕慈
　　　　　印務主任　　蔡佩欣

定　　價／以封底定價為準
出版印刷／2012年1月初版1刷

總 經 銷／知己圖書股份有限公司
　　　　　台中市工業區30路1號　　電話　04-23595819　　傳真　04-23597123

☺讀者回函卡

謝謝您購買此書，為了加強對讀者的服務，請詳細填寫本回函卡，寄回給我們（免貼郵票）或 E-mail至huacheng@farseeing.com.tw給予建議，您即可不定期收到本公司的出版訊息！

您所購買的書名/＿＿＿＿＿＿＿＿＿＿＿＿　購買書店名/＿＿＿＿＿＿＿＿＿＿＿

您的姓名/＿＿＿＿＿＿＿＿＿＿＿＿　聯絡電話/＿＿＿＿＿＿＿＿＿＿＿

您的性別/□男 □女　　您的生日/西元＿＿＿＿＿＿年＿＿月＿＿日

您的通訊地址/□□□□□＿＿＿＿＿＿＿＿＿＿＿＿＿＿＿＿＿＿＿＿

您的電子郵件信箱/＿＿＿＿＿＿＿＿＿＿＿＿＿＿＿＿＿＿＿＿＿＿＿＿

您的職業/□學生　□軍公教　□金融　□服務　□資訊　□製造　□自由　□傳播
　　　　　□農漁牧　□家管　□退休　□其他

您的學歷/□國中（含以下）　□高中（職）　□大學（大專）　□研究所（含以上）

您從何處得知本書訊息/（可複選）

□書店　□網路　□報紙　□雜誌　□電視　□廣播　□他人推薦　□其他

您經常的購書習慣/（可複選）

□書店購買　□網路購書　□傳真訂購　□郵政劃撥　□其他＿＿＿＿＿＿＿＿＿＿

您覺得本書價格/□合理　□偏高　□便宜

您對本書的評價（請填代號/ 1. 非常滿意 2. 滿意 3. 尚可 4. 不滿意 5. 非常不滿意）

封面設計＿＿＿　版面編排＿＿＿　書名＿＿＿　內容＿＿＿　文筆＿＿＿

您對於讀完本書後感到/□收穫很大　□有點小收穫　□沒有收穫

您會推薦本書給別人嗎/□會　□不會　□不一定

您希望閱讀到什麼類型的書籍/＿＿＿＿＿＿＿＿＿＿＿＿＿＿＿＿＿＿＿＿

您對本書及我們的建議/

www.farreaching.com.tw

（華杏出版機構）

華成圖書出版股份有限公司　收

台北市10059新生南路一段50-1號4F　TEL/02-23921167

（沿線剪下）

（對折黏貼後，即可直接郵寄）

😊 本公司為求提升品質特別設計這份「讀者回函卡」，懇請惠予意見，幫助我們更上一層樓。感謝您的支持與愛護！

www.farreaching.com.tw　　請將　B6117　「讀者回函卡」寄回或傳真 (02) 2394-9913